Plano Diretor do Mercado de Capitais 2002

Carlos Antonio Rocca

Plano Diretor do Mercado de Capitais 2002
Texto integral e bases conceituais

JOSÉ OLYMPIO
EDITORA

© *Instituto Brasileiro de Mercado de Capitais, Ibmec, 2002*

Reservam-se os direitos desta edição à
EDITORA JOSÉ OLYMPIO LTDA.
Rua Argentina, 171 – 1º andar – São Cristóvão
20921-380 – Rio de Janeiro, RJ – República Federativa do Brasil
Tel.: (21) 2585-2060   Fax: (21) 2585-2086
Printed in Brazil / Impresso no Brasil

Atendemos pelo Reembolso Postal

ISBN 85-03-00742-8

Capa: ISABELLA PERROTTA

CIP-Brasil. Catalogação-na-fonte
Sindicato Nacional dos Editores de Livros, RJ.

R566p
Rocca, Carlos Antonio, 1940-
    Plano diretor do mercado de capitais 2002 / Carlos Antonio Rocca. – Rio de Janeiro: José Olympio, 2002.
    (Estudos Ibmec; 2)

    Inclui bibliografia
    ISBN 85-03-00742-8

    1. Mercado de capitais – Brasil. I. Título. II. Série.

02-1852
CDD – 332.60981
CDU – 336.76(81)

SUMÁRIO

Apresentação 7
João Paulo dos Reis Velloso

Nota do Organizador e Agradecimentos 13
Carlos Antonio Rocca

PLANO DIRETOR DO MERCADO DE CAPITAIS 2002
Texto integral e bases conceituais

Introdução: Objetivo e Conteúdo 21

CAPÍTULO I
PLANO DIRETOR DO MERCADO DE CAPITAIS

Plano Diretor: Prioridade, Oportunidade e Urgência 27
Posicionamento 35
Diretrizes 39
Ações Específicas 45
Implementação do Plano Diretor 55

CAPITULO II
SOLUÇÕES PARA O DESENVOLVIMENTO DO MERCADO DE CAPITAIS BRASILEIRO: UM RESUMO

O Mercado de Capitais e a Retomada do Crescimento Econômico   67
O Mercado de Capitais no Brasil   79
Iniciativas Recentes: Governo e Setor Privado   137
Balanço Preliminar: Ameaças e Oportunidades   145

ANEXOS   157
REFERÊNCIAS BIBLIOGRÁFICAS   163
ÍNDICE DE TABELAS E FIGURAS   171

Apresentação
João Paulo dos Reis Velloso

O PRESENTE Estudo Ibmec 2 é dedicado, essencialmente, ao Plano Diretor do Mercado de Capitais, aprovado por 24 instituições do mercado e aqui apresentado na íntegra, ou seja, no seu conteúdo (texto) e nas bases conceituais. De passagem, vai aqui o agradecimento do Ibmec ao apoio técnico que nos deram Carlos Antonio Rocca e sua equipe.

O significado do Plano Diretor é procurar acabar com uma ilusão existente no Brasil: de que pode haver crescimento sustentado sem um forte e eficiente mercado de capitais, capaz de realizar dois objetivos:

- Prover financiamento de longo prazo e assegurar a capitalização da empresa privada.
- Realizar a democratização do capital e da propriedade.

O Plano é uma resposta a esses desafios. Sua transformação em realidade não é apenas tarefa nossa — isto é, das 24 entidades nele engajadas —, mas do país. Governo e iniciativa privada, particularmente, têm de assumir compromisso com sua implementação.

Destacamos a seguir sete pontos básicos relativos ao conteúdo e à realização do Plano Diretor.

O primeiro ponto significa que o desenvolvimento do Mercado de Capitais é parte dos "fundamentos" da economia. E, por isso, deve ter alta prioridade.

Estabilidade de preços e mercado de capitais, capaz de proporcionar às empresas capital de empréstimo (a taxa de juros declinantes, de forma sustentável, tendendo a alcançar níveis internacionais) e capital de *equity* (para capitalização) — essas duas idéias são dedos de uma mesma mão.

O segundo ponto consiste em que o Brasil precisa, gradualmente, criar o maior número possível de *public corporations* (companhias abertas com capital disseminado, inclusive entre fundos de pensão), assim como continua precisando de empresas familiares, mas abertas e profissionalizadas.

Para ambos esses tipos de empresas, o nível de governança corporativa deve ser o vigente no "novo mercado" da Bovespa.

O terceiro ponto refere-se ao complemento: precisamos também, ao mesmo tempo, do máximo de espírito empresarial disseminado, que se traduza em micro, pequenas e médias empresas, com tecnologia moderna, não raro funcionando em redes horizontais (com outras PME) ou verticais (com grandes empresas).

Consiste o quarto ponto em que, dentro da prioridade definida, a tributação sobre mercado de capitais deve estimular o seu desenvolvimento. E, pois, não tem sentido o ônus de tributos (ou contribuições) como CPMF sobre operações de bolsas. Ou a idéia de igualar-se a tributação sobre aplicações de renda variável com aquela sobre renda fixa. São riscos diferentes.

Em sentido mais amplo, a orientação a prevalecer, em matéria de tributação, só pode ser a de isonomia competitiva com os países desenvolvidos.

O quinto ponto diz respeito ao setor financeiro: os grandes conglomerados financeiros, que há uma década, pelo menos, se beneficiam — com ou sem mérito — das astronômicas taxas de juros reais da economia brasileira, devem investir na expansão de seus bancos de investimentos, com ênfase em mercado de capitais e formação de equipes permanentes. Não podem, eles e os bancos de investimentos independentes, recuar no seu papel pioneiro de desenvolver um amplo cardápio de novos produtos, para proporcionar capital às empresas privadas: operações de *project financing*, diferentes tipos de debêntures e ações (inclusive ações com cláusula de rendimento mínimo), novos títulos para securitização de recebíveis, em diversos setores, desenvolvimento do mercado de *venture capital* etc.

Refere-se o sexto ponto à necessidade de continuar a reforma do sistema de previdência social no Brasil.

Seja o sistema privado (segurados do INSS), para criar um modelo novo, à base de capitalização e com contribuição definida.

Seja o sistema de previdência do setor público, a fim de criar um fundo de pensão para servidores públicos federais (já autorizado em emenda constitucional, aprovada pelo Congresso Nacional) e fundos de pensão nos estados que ainda não o fizeram.

O sétimo ponto é que a globalização e a competição internacional exigem altos níveis de padrões regulatórios, na área das empresas. E isso implica um órgão regulador — a CVM — independente, forte e eficiente.

•

Com idéias desse tipo, no nosso entender, é que estaremos contribuindo para criar no Brasil um capitalismo moderno, e a serviço do povo brasileiro.

•

A palavra final é no sentido de que o Plano Diretor é um processo, e não um simples documento, ou um conjunto de diretrizes.

Por isso, dois mecanismos de coordenação foram criados, para sua implementação e complementação.

De um lado um Comitê de Coordenação, com caráter mais político, para a articulação com o Executivo, o Legislativo, o Judiciário, o sistema político. Funciona ele junto à Bovespa.

De outro lado, o Codemec — Comitê Técnico, funcionando junto ao Ibmec, com o objetivo de manter o Plano atualizado, de acompanhar a sua execução e de coordenar o processo de operalização das ações específicas.

Nota do organizador e agradecimentos
Carlos Antonio Rocca

A DIVULGAÇÃO DO LIVRO *Soluções para o desenvolvimento do mercado de capitais brasileiro*, o primeiro volume da série Estudos Ibmec, no segundo semestre de 2001 somou-se a outras iniciativas em curso naquela oportunidade, gerando desdobramentos altamente positivos que culminaram com a formulação do Plano Diretor do Mercado de Capitais 2002.

Uma parceria entre o Ibmec e a Abamec permitiu que o referido trabalho fosse adotado como base técnica do XVII Congresso da Abamec, realizado em Porto Alegre em princípios de abril de 2002, do qual o autor foi o coordenador técnico, representando o Ibmec. Por sua vez, numa iniciativa integrada ao movimento "Ação Cívica pelo Desenvolvimento do Mercado de Capitais", liderado pela Bovespa, a Abamec Nacional deliberou que o seu Congresso gerasse um plano de ação.

O Plano Diretor é o resultado da combinação das bases conceitual e de diagnóstico do trabalho do Ibmec, trazendo sugestões e propostas de 23 entidades participantes, além de proposições de palestrantes, debatedores e outros que participaram do Congresso da Abamec. O seu texto básico, que teve supervisão técnica de Humberto Casagrande, presidente da Abamec, foi divulgado em caráter preliminar na sessão de encerramento do Congresso, em 5/4/2002. A partir de então, foram incorporadas ao Plano várias medidas específicas condizentes com suas diretrizes, inclusive as que foram apresentadas pelas entidades no processo de exame e avaliação ao qual o novo texto foi submetido.

O texto final do Plano Diretor, anunciado publicamente em cerimônia promovida pela Bovespa em 17 de maio de 2002, mereceu a aprovação unânime das 23 entidades que subscrevem o documento: Abamec, Abrapp, Abrasca, Adeval, Anbid, Ancor, Andima, Animec, BM&F, Bovespa, BVRJ, CNB, Febraban, Fiesp, Força Sindical, Ibef, IBGC, Ibmec, Ibracon, IBRI, Sindicor RJ, Sindicor SP, Soma.

O Plano Diretor do Mercado de Capitais 2002 tem pelo menos três características inéditas. A primeira é que se trata de um plano elaborado e proposto pelo setor privado. A segunda é que conta com a participação de praticamente todas as entidades e associações representativas dos vários segmentos que atuam no mercado de capitais, aí incluídos, dentre outros, instituições bancárias, empresas abertas, analistas de investimentos, profissionais de auditoria, executivos de finanças e entidades voltadas à proteção aos investidores e à defesa de boas práticas de governança corporativa. A terceira característica, muito importante, é a participação inédita de entidades representativas da indústria (Fiesp) e dos trabalhadores (Força Sindical), traduzindo a consciência da importância e da prioridade que devem ser atribuídas ao desenvolvimento do mercado de capitais visando à retomada e à sustentação do crescimento da produção e do emprego.

Da mesma forma que no primeiro trabalho da série Estudos Ibmec, a idéia deste livro partiu do presidente do Conselho do Ibmec, ex-ministro João Paulo dos Reis Velloso. Procurou-se oferecer um texto que possa ser útil a todos os segmentos sociais e aos que se interessam pelo mercado de capitais, contendo não só o Plano Diretor, mas também suas bases conceituais e factuais, inseridas numa visão do papel do mercado de capitais na superação dos atuais desafios da economia brasileira.

É impossível registrar individualmente as contribuições de todos os que de algum modo participaram do trabalho cujo resultado está contido neste livro. Em primeiro lugar, destaca-se o apoio e a atuação de todas as entidades participantes do projeto Ibmec. Deve-se mencionar o apoio e o incentivo do ex-ministro Velloso, presidente do Conselho Diretor do Ibmec, de Enio Rodrigues, vice-presidente executivo do Ibmec, além da participação ativa do presidente da Abamec, Humberto Casagrande, que acompanhou todas as versões do trabalho, contribuindo com inúmeras sugestões de forma e conteúdo. Registra-se ainda a participação generosa e desinteressada de Ary Oswaldo Mattos Filho, Eliseu Martins e de Maílson da Nóbrega, que contribuiu com críticas e sugestões durante o Congresso Abamec 2002. Ricardo Rodrigues Celoto encarregou-se da atualização do Banco de Dados. A responsabilidade por quaisquer erros remanescentes é do autor.

São Paulo, julho de 2002

Plano Diretor do Mercado de Capitais 2002

Texto integral e
bases conceituais

INTRODUÇÃO:
Objetivo e conteúdo

O OBJETIVO DESTE LIVRO É contribuir para a difusão das propostas formuladas pelo setor privado para o desenvolvimento do mercado de capitais brasileiro, visando inseri-las entre as prioridades da sociedade brasileira e da política governamental. A relevância do tema está ligada à importância fundamental do mercado de capitais para a retomada e sustentação do crescimento econômico, condição necessária para a superação dos principais desafios de natureza social e econômica enfrentados pelo país. Existem fundadas evidências, inclusive de ordem internacional, de que as soluções oferecidas pelo mercado de capitais para o financiamento do setor produtivo e outros investimentos de interesse social são indispensáveis para assegurar a retomada sustentável do crescimento da economia brasileira, sua inserção competitiva na economia mundial e a democratização do acesso às oportunidades e à propriedade.

Este livro reúne em um único volume as propostas do setor privado consubstanciadas no Plano Diretor, bem como os elementos conceituais e factuais que serviram de base à sua elaboração.

No primeiro capítulo, apresenta-se na íntegra o Plano Diretor do Mercado de Capitais 2002, produto de uma parceria entre o Ibmec e a Abamec, que contou com a participação e a aprovação de 23 entidades e associações do setor privado. Para sua elaboração, foram levantadas e sistematizadas sugestões, propostas e iniciativas visando à superação dos obstáculos ao desenvolvimento do mercado de capitais. A partir desse amplo conjunto de proposições, foram formuladas 12 diretrizes gerais e 50 ações específicas que integram o Plano Diretor 2002, correspondendo estas ao detalhamento prático das diretrizes. Ao final desse capítulo são relatados os primeiros passos das entidades participantes para a execução do Plano.

O segundo capítulo é um resumo da obra *Soluções para o desenvolvimento do mercado de capitais brasileiro*,* que serviu de base técnica para a elaboração do Plano Diretor. Esse livro se compõe de quatro partes:

a) uma visão dos atuais desafios da economia brasileira e do papel do mercado de capitais e do sistema financeiro privado na retomada e sustentação do crescimento;

b) uma síntese da evolução recente e do quadro atual do mercado de capitais brasileiro, apresentando uma avaliação de seu desempenho e sua funcionalidade que levou à identificação dos principais fatores que têm inibido e retardado seu desenvolvimento;

c) a relação das sugestões, propostas e iniciativas do Governo e do setor privado visando à superação dos obstáculos e à exploração das oportunidades de desenvolvimento do mercado;

d) a análise da correlação entre essas proposições e os fatores identificados como determinantes do quadro de estagnação existente, o que permitiu realizar um balanço preliminar do avanço já obtido e do caminho a percorrer.

---

*ROCCA, C. A. (2001) *Soluções para o desenvolvimento do mercado de capitais brasileiro*. Estudos Ibmec 1. Rio de Janeiro: José Olympio.

CAPÍTULO I

Plano Diretor do Mercado de Capitais

PLANO DIRETOR:
PRIORIDADE, OPORTUNIDADE E URGÊNCIA

UM MERCADO DE CAPITAIS EFICIENTE É CONDIÇÃO NECESSÁRIA PARA A RETOMADA E SUSTENTAÇÃO DO CRESCIMENTO DA ECONOMIA BRASILEIRA E DE SUA COMPETITIVIDADE INTERNACIONAL

— O desafio atual é consolidar a estabilização e retomar o crescimento com equilíbrio externo.
— A retomada do crescimento deve ser liderada por investimentos privados, especialmente direcionados para o aumento da produção e da produtividade dos setores de bens comercializáveis, fabricantes de produtos exportáveis ou substitutos de importações.
— A maioria das empresas no Brasil não tem acesso a condições adequadas de financiamento, o que constitui obstáculo de primeira ordem à realização de investimentos privados e à retomada do crescimento.
— A experiência internacional demonstra que um mercado de capitais ativo e um sistema bancário eficiente promovem o crescimento econômico e a competitividade internacional.

Mecanismos de mobilização de recursos e diversificação de riscos têm permitido suprir recursos, inclusive para empreendimentos de alto risco, combinando capitais de risco e financiamento de longo prazo para grandes projetos de infraestrutura (*project finance*), fornecendo recursos para empresas emergentes e de inovação tecnológica (*seed money, venture capital, private equity*), multiplicando oportunidades e acelerando a adoção de novas tecnologias, principal componente do aumento da produtividade.

— No Brasil, desde o pós-guerra, o setor público tem liderado a mobilização de recursos e sua alocação para o financiamento de investimentos, com destaque para a criação e administração de fundos de poupança compulsória pelos bancos oficiais.

— Com a estabilização, a privatização e a abertura da economia brasileira, o setor público concentrará seus recursos em gastos sociais; o mercado de capitais e o sistema bancário privado devem ocupar um papel central na mobilização e alocação de recursos, em substituição ao setor público.

— O mercado de capitais brasileiro tem potencial para assumir importância estratégica na retomada e sustentação do crescimento: mantidas as atuais tendências de crescimento da poupança institucional voluntária (fundos de investimentos, fundos de pensão, fundos de previdência aberta e companhias de seguros) e atingido o objetivo de estabilização da dívida pública, o mercado de capitais tem condições de mobilizar recursos para o financiamento de investimentos privados da ordem de 15% a 20% da formação bruta de capital fixo; esse nível é semelhante aos melhores padrões internacionais.

— Portanto, a operação eficiente do mercado de capitais é condição necessária para a retomada do crescimento e a competitividade internacional da economia brasileira.

O MERCADO DE CAPITAIS É UM INSTRUMENTO PARA SE ATINGIREM OBJETIVOS SOCIAIS

— Ao criar condições financeiras adequadas à realização de investimentos e dirigir os recursos aos projetos mais produtivos, o mercado de capitais acelera o crescimento econômico e a geração de empregos.

— A realização de projetos de infra-estrutura de grande impacto na qualidade de vida da população — como é o caso de investimentos no setor de fornecimento de água, saneamento e energia — envolve muitas dificuldades na obtenção de financiamento. A recente experiência internacional demonstra que vários mecanismos criados no âmbito do mercado de capitais, combinando capital de risco, securitização de receitas futuras e operações bancárias, têm facilitado enormemente a viabilização desses projetos.

— O financiamento habitacional traz o desafio de compatibilizar o financiamento no longo prazo requerido pelos compradores com a liquidez exigida pelos investidores. A securitização de recebíveis imobiliários e a existência de mercados secundários organizados e ativos para esses papéis representam uma solução moderna e eficiente para o financiamento habitacional em vários países; o novo Sistema Financeiro Imobiliário (SFI) aprovado no Brasil está integralmente baseado na securitização de recebíveis imobiliários e seu funcionamento depende da criação de condições favoráveis ao desenvolvimento do mercado de capitais.

— No Brasil e em todo o mundo, estão em crise os sistemas previdenciários tradicionais baseados no regime de repartição, em que contribuições da atual geração suportam a aposentadoria das gerações anteriores. O desenvolvimento de soluções de previdência privada complementar em regime de capitalização, em que a aposentadoria de cada cidadão é basicamente assegurada pelos resultados da livre aplicação dos recursos de sua poupança, é a tendência observada em todo o mundo. Um mercado de capitais ativo e eficiente oferece as alternativas de investimento com a combinação de risco e retorno sob medida para cada caso.

— Mecanismos que permitem a transferência de recursos na forma de capital de risco e de financiamento para pequenas e médias empresas, democratizando oportunidades e estimulando o empreendedorismo, têm tido excepcional crescimento quando o mercado de capitais abre espaço para a posterior colocação de ações junto ao público investidor. Grandes investidores institucionais, fundos de pensão, seguradoras e outros grupos investem em fundos destinados a empresas emergentes, sob a forma de fundos de *seed money*, *venture capital* e *private equity*, partilhando riscos e resultados com os empreendedores individuais; além disso, a securitização de créditos bancários e créditos comerciais pode ser muito importante para aumentar a oferta de crédito para empresas de capital fechado.

— A democratização do capital e da propriedade é outro importante resultado da operação do mercado de capitais, permitindo ao pequeno investidor participar de empreendimentos de grande escala. Ao mesmo tempo, a participação do trabalhador nos resultados de empresas na forma de ações tende a se tornar cada vez mais difundida; fundos mútuos de investimento e outros mecanismos semelhantes cumprem idêntico papel. Um exemplo recente disso é a venda pulverizada de ações da Petrobras e da Vale do Rio Doce a trabalhadores que usaram os recursos de suas contas no FGTS.

ALGUNS OBSTÁCULOS COMPROMETEM O DESENVOLVIMENTO, A FUNCIONALIDADE E A IMAGEM DO MERCADO DE CAPITAIS BRASILEIRO

a) Obstáculos de natureza institucional, econômica e cultural têm inibido e distorcido o desenvolvimento do mercado de capitais brasileiro, limitando o papel do mercado de capitais no financiamento do setor produtivo, reduzindo sua atratividade para o investidor e comprometendo ainda o sistema de distribuição de títulos de renda variável. Entre eles, destacam-se:
— altas taxas de juros;
— distorções do sistema tributário e incentivo à economia informal;
— deficiente proteção ao investidor;
— obstáculos culturais.

b) A imagem do mercado de capitais — consolidada ao longo de décadas em que sua funcionalidade foi comprometida — dificulta a captação de um apoio mais amplo da sociedade para a adoção de medidas que visem ao seu desenvolvimento; propostas de harmonização da tributação a padrões internacionais são entendidas com alguma freqüência como privilégios a serem usufruídos por capitalistas e especuladores, sem benefícios para a produção e o emprego, em detrimento de gastos sociais.

INICIATIVAS DO GOVERNO E DO SETOR PRIVADO TÊM TIDO RESULTADOS LIMITADOS

a) Nos últimos anos, várias propostas, iniciativas e posicionamentos do Governo e do setor privado revelam crescente conscientização da prioridade e da urgência do desenvolvimento do mercado de capitais.

b) Sua eficácia sobre o desempenho do mercado tem sido extremamente limitada, observando-se a manutenção dos sinais de estagnação ou o retrocesso do mercado.

PLANO DIRETOR DO MERCADO DE CAPITAIS

Desse modo, conclui-se que a criação e execução de um Plano Diretor do Mercado de Capitais é prioritária, oportuna e urgente.

CONGRESSO ABAMEC 2002 E O PLANO DIRETOR DO MERCADO DE CAPITAIS

a) Ibmec

O Ibmec executou o Projeto Ibmec II, pelo qual foi complementado e atualizado o diagnóstico do mercado de capitais brasileiro e foram sistematizadas as sugestões, propostas e iniciativas do Governo e de cerca de duas dezenas de entidades do setor privado, às quais somaram-se contribuições dos palestrantes, debatedores e outros participantes do XVII Congresso da Abamec.

As entidades participantes do Projeto Ibmec II foram as seguintes: Abamec, Abrapp, Abrasca, Adeval, Anbid, Ancor, Andima, Animec, Bovespa, BM&F, BVRJ, CNB, Febraban, Fiesp, Força Sindical, Ibef, IBGC, Ibmec, Ibracon, Ibri, Sindicor-RJ, Sindicor-SP, Soma.

b) O Congresso Abamec 2002 e o Plano Diretor do Mercado de Capitais

A Abamec deliberou concentrar o foco do seu XVII Congresso, realizado em Porto Alegre no início de abril de 2002, nas questões e temas básicos identificados no Diagnóstico do Projeto Ibmec. O objetivo atingido foi a ampliação do debate e a geração de subsídios para a formulação do Plano Diretor do Mercado de Capitais.

O temas abordados foram os seguintes:

1. Mercado de capitais e crescimento econômico.
2. Mercado de capitais brasileiro: diagnóstico, ameaças e oportunidades.
3. Mobilização de novos recursos para o mercado de capitais.
4. Desenvolvimento e aprimoramento de produtos e mercados.
5. Governança corporativa e proteção ao investidor.
6. Mercado secundário de títulos de renda fixa.
7. Reforma tributária.
8. Condições macroeconômicas: taxas de juros e seus condicionantes.

POSICIONAMENTO

O Plano Diretor do Mercado de Capitais contém um conjunto organizado de ações do governo e do setor privado, visando à criação de condições para que o mercado de capitais brasileiro possa desempenhar sua missão com eficiência.

OBJETIVOS

a) identificar as ações do governo e do setor privado necessárias para superar obstáculos ao desenvolvimento e à funcionalidade do mercado de capitais brasileiro, criando condições compatíveis com sua eficiência;
b) promover um adequado grau de coordenação entre ações públicas e privadas;
c) mobilizar todos os segmentos da sociedade em favor da prioridade e urgência do desenvolvimento desse mercado.

MISSÃO DO MERCADO DE CAPITAIS

a) oferecer as condições financeiras necessárias para a retomada e sustentação do crescimento econômico, a geração de empregos e a democratização de oportunidades e do capital;

b) mobilizar recursos de poupança a fim de oferecer alternativas de investimento seguras e rentáveis, que possam servir também de base para planos de previdência complementar;
c) direcionar esses recursos para financiar os investimentos mais produtivos e socialmente desejáveis, incluindo infra-estrutura, habitação e empresas emergentes, em condições competitivas com o mercado internacional.

CONDIÇÕES NECESSÁRIAS À FUNCIONALIDADE E EFICIÊNCIA DO MERCADO DE CAPITAIS

Para que o mercado de capitais brasileiro possa oferecer à economia do país recursos com custos e prazos semelhantes aos disponíveis para seus concorrentes internacionais, as ações a serem adotadas no Plano Diretor devem almejar a criação de:

a) condições de isonomia competitiva, principalmente taxas de juros, tributação e regulação harmonizadas com as melhores práticas internacionais;
b) condições de eficiência:
  - legislação: tratamento eqüitativo no relacionamento entre agentes econômicos, com adequada proteção aos investidores;
  - transparência: padrões de contabilidade e demais critérios de divulgação que assegurem amplo acesso dos investidores e demais agentes do mercado a todas as informações relevantes para a correta avaliação das expectativas de risco e retorno das aplicações;
  - *enforcement*: garantia de respeito a leis e contratos pela eficaz operação de órgãos reguladores, do Poder Judiciário ou de mecanismos de arbitragem;

- criação e preservação de condições de concorrência nos mercados, mediante ações e critérios que incentivem e preservem a atuação de um grande número de participantes, procedendo à eliminação de barreiras à sua entrada, ao controle sobre a manipulação de preços e à integração competitiva ao mercado internacional de capitais;
- custos de transação: minimização de custos de transação e quaisquer outras restrições de natureza burocrática ou tributária que onerem a negociação nos mercados financeiros e de capitais.

PONTOS FOCAIS

Em face dos obstáculos existentes, verificou-se que o mercado de capitais brasileiro não representa alternativa de captação de recursos para a maioria das empresas e atrai apenas uma reduzida base de investidores. O Plano Diretor do Mercado de Capitais visa eliminar os obstáculos e fazer com que o mercado de capitais brasileiro seja uma fonte de liquidez e recursos para as empresas, transformando-se em uma alternativa de aplicação atrativa para os investidores.

Desse modo, as diretrizes e ações específicas propostas neste Plano apresentam três pontos focais:

1) empresas: o mercado de capitais deve ser fonte de liquidez e recursos;
2) investidores: o mercado de capitais deve ser a melhor alternativa de investimento;
3) regulação: o mercado de capitais deve preservar a credibilidade e promover o desenvolvimento de instituições, mercados e produtos.

DIRETRIZES

O Plano Diretor do Mercado de Capitais é o resultado do trabalho de consolidação de um grande número de sugestões, propostas e iniciativas que partiram das entidades participantes do Projeto Ibmec II, complementadas pela contribuição de palestrantes, debatedores e outros integrantes do XVII Congresso Abamec 2002.

Esses elementos foram organizados em dois blocos:

a) diretrizes: resumem o conteúdo básico do Plano Diretor, correspondendo a 12 conjuntos de ações voltadas para superar os obstáculos identificados e promover o desenvolvimento do mercado de capitais;
b) ações específicas: contêm o detalhamento das diretrizes, com a identificação e individualização das medidas propostas.

O reconhecimento da existência de enormes dificuldades de natureza institucional e política para a concretização dos objetivos deste Plano, principalmente no campo tributário, não deve constituir motivo para a pura e simples aceitação do *status quo*. É preciso que os participantes do mercado de capitais, o Governo e toda a sociedade se mobilizem, sob o amplo leque de interesses vigentes no sistema democrático, para a busca de saídas que liberem a economia brasileira dos entraves que hoje inibem a realização de seu amplo potencial. Manter o mercado de capitais prisioneiro de suas atuais amarras é bloquear sua contribuição ao desenvolvimento e ao bem-estar e resignar-se a um ritmo de crescimento medíocre ou nulo, incompatível com as legítimas aspirações de todos os brasileiros.

1) O anseio nacional pela retomada do crescimento econômico sustentado exige que o desenvolvimento do mercado de capitais seja incorporado aos planos governamentais como prioridade absoluta. Trata-se de condição necessária à disponibilização de recursos em condições internacionalmente competitivas para o financiamento dos investimentos privados.

2) Os bancos, bolsas de valores, sociedades corretoras, administradores de recursos, investidores institucionais e todos os demais agentes do mercado de capitais e do sistema financeiro privado deverão assumir o papel central na mobilização e alocação de recursos na economia brasileira, até agora desempenhado pelo setor público. O Governo e as entidades privadas ligadas ao mercado de capitais e ao sistema bancário deverão criar todas as condições e implementar as ações necessárias para que o sistema financeiro privado possa desempenhar com eficiência e eficácia essa função.

3) A redução do custo de capital para o setor produtivo nacional deverá ser buscada mediante ações voltadas a todos os seus componentes. A redução sustentável da taxa de juros dos títulos públicos deverá ser obtida mediante uma atuação consistente sobre os fatores subjacentes, bem como mediante a consolidação do ajuste fiscal de longo prazo do setor público e a redução da vulnerabilidade externa graças à geração de superávits comerciais e à redução da dependência de capitais estrangeiros.

4) A complementação da reforma da previdência, inclusive mediante a instalação dos fundos de pensão dos servidores públicos federais, estaduais e municipais, representa um componente fundamental do ajuste fiscal e uma ação eficaz para a ampliação da oferta de poupança de longo prazo.
5) A redução das alíquotas dos tributos, acompanhada da ampliação da base de contribuintes — mantidos os atuais níveis de arrecadação —, de modo a integrar à economia formal a maior parcela das empresas e atividades que hoje operam com diferentes graus de informalidade, criaria condições de acesso a crédito bancário e a recursos do mercado de capitais para esse amplo segmento da economia brasileira cujo crescimento hoje é praticamente limitado aos seus recursos próprios.
6) Deve-se promover a difusão do acesso ao mercado de capitais de amplas camadas da população e ampliar a oferta de recursos nesse mercado, adotando-se medidas tais como a venda pulverizada de ações em processos de privatização e a liberação do uso de recursos de fundos de poupança compulsória para aplicação em títulos e valores mobiliários.
7) A fim de promover o acesso ao mercado de capitais do maior número possível de empresas do setor produtivo, devem ser adotadas, dentre outras medidas, iniciativas que reduzam os custos e facilitem o acesso das empresas ao mercado de capitais, o incentivo aos fundos focados no direcionamento de recursos a empresas emergentes e a difusão do uso da securitização, inclusive por parte de empresas de capital fechado.
8) É preciso que se ofereça proteção ao investidor: agora que o Novo Mercado da Bovespa caminha para a geração de um conjunto de oportunidades de investimento que confere aos acionistas adequados níveis de proteção, deve ser atribuída prioridade à proteção de investidores enquanto participan-

tes de fundos de previdência fechada e aberta, quotistas de fundos mútuos de investimento e credores em geral. Esses mecanismos de proteção incluem a adoção das melhores regras e práticas de governança corporativa, transparência e garantia de obediência a compromissos e contratos (*enforcement*).

9) Quanto à tributação no mercado de capitais, é importante que os critérios de tributação adotados respeitem a isonomia com as melhores práticas internacionais, especialmente em relação à sua incidência sobre instrumentos de poupança de longo prazo, como é o caso de planos e entidades de previdência complementar e ganhos sobre investimentos de renda variável, bem como aqueles que, incidindo sobre as transações financeiras (CPMF), elevam os custos de transação, inibem a liquidez e inviabilizam a operação e a funcionalidade do mercado de capitais brasileiro.

10) Caberá prioritariamente às entidades privadas a execução de ações voltadas para a promoção da cultura de mercado de capitais na sociedade brasileira, de forma a:
    — reverter a imagem negativa do mercado de capitais e fornecer os elementos objetivos que permitam a todas as camadas sociais — estudantes, trabalhadores, empresários, membros do Executivo, Legislativo e Judiciário — perceber sua importância na retomada do crescimento, com a geração de empregos, o financiamento da habitação, infra-estrutura social, a viabilização de planos de previdência complementar e o fornecimento de recursos para empresas emergentes, promovendo, dentre outros objetivos desejáveis, a democratização de oportunidades e do capital;
    — fazer com que todos os segmentos sociais possam utilizar produtivamente — em seu próprio benefício, em be-

nefício de suas empresas e da população brasileira em geral — os mecanismos e instrumentos do mercado de capitais; neste sentido, deverão ser executados programas de educação voltados para as empresas e a população em geral, além de programas especiais de qualificação dirigidos aos agentes do mercado de capitais.

11) A regulação deve preservar a credibilidade e promover o desenvolvimento de instituições, mercados e produtos, mediante:

— a adoção do critério de isonomia competitiva para o mercado de capitais brasileiro, com o uso de regulamentação harmonizada com as melhores práticas internacionais;

— a reorganização do conjunto de órgãos reguladores visando à simplificação e à harmonização de normas e procedimentos, acompanhada da redução de custos e do aumento da eficácia na sua implementação (*enforcement*).

12) As entidades privadas do mercado de capitais que participaram da elaboração deste Plano Diretor promoverão a organização de um Fórum Permanente do Mercado de Capitais e a criação de um Comitê Coordenador encarregado de desenvolver ações visando à implementação das diretrizes e ações contidas no Plano. Esta decisão confere caráter permanente à parceria das entidades subscritoras do Plano em favor do mercado de capitais brasileiro.

AÇÕES ESPECÍFICAS

1) O Comitê Coordenador promoverá reuniões com candidatos à Presidência da República e membros do Congresso Nacional e do Poder Judiciário visando inserir o desenvolvimento do mercado de capitais no conjunto de ações prioritárias do Governo.
2) Participar e opinar sobre o Programa de Desenvolvimento Industrial, principalmente no que concerne à busca de soluções de financiamento de capital de risco e de empréstimo (*funding*) para os projetos de investimento.
3) Promover reuniões, apresentações e outras formas de comunicação junto a deputados federais e senadores a fim de que sejam aprovadas amplas reformas da previdência social e a reforma tributária, já que se trata de condição essencial para o desenvolvimento do mercado e a retomada do crescimento econômico.
4) Com a organização do Fórum Permanente do Mercado de Capitais, promover a execução de estudos e debates visando identificar as ações necessárias para que o sistema financeiro privado (mercado de capitais e bancos) assuma o papel central na mobilização e alocação de recursos de poupança

na economia brasileira, até agora desempenhado pelo setor público. Para tanto, o Fórum buscará a participação de entidades como Febraban, Ancor, BNDES, Bolsas, Abamec, Anbid e outras.

5) Conseguir apoio, inclusive financeiro, de organismos multilaterais para garantir o financiamento de projetos de desenvolvimento do mercado de capitais.

6) O Comitê Coordenador buscará o apoio das entidades para a formulação de um projeto piloto visando incorporar à reforma tributária a redução das alíquotas de todos os impostos, acompanhada da ampliação da base de contribuintes, mantidos os atuais níveis de arrecadação, e adotar mecanismos de transição de modo a integrar à economia formal a maior parcela das empresas e atividades que hoje operam com diferentes graus de informalidade.

7) Acelerar a implantação de fundos de pensão para servidores públicos nos três níveis de governo.

8) Os agentes do mercado de capitais, bancos, bolsas de valores, sociedades corretoras, administradores de recursos, investidores institucionais, dentre outros, diretamente e por meio de suas associações, promoverão a adoção de normas de governança corporativa, com transparência e o cumprimento das regras (*enforcement*), inclusive mediante a execução de projetos de auto-regulação.

9) Propor regime de urgência para o projeto da nova Lei de Falências (Projeto de Lei 4.376/93) e apresentar sugestões de aprimoramento para aumentar as chances de recuperação das empresas em dificuldade e promover a adequada proteção aos credores, visando reduzir os riscos de crédito e o custo de captação em debêntures e outros títulos de dívida; dentre as sugestões, enfatizar: a) a criação de uma assembléia de credores para regular sua participação no processo de liqui-

dação judicial, na aprovação de planos de recuperação e na sua homologação; b) a limitação de prioridade para créditos fiscais e trabalhistas; e c) a permissão de venda de ativos sem gravames sucessórios, com a execução e a fiscalização de credores.

10) A Abamec recomendará aos analistas de mercado a incorporação da análise e avaliação da governança corporativa em suas recomendações de investimento.

11) A CVM deverá apoiar e incentivar o programa de certificação para analistas de investimentos desenvolvido pela Abamec como forma de obter maior adesão dos profissionais, possibilitando a regulamentação da atividade pela auto-regulação.

12) Avançar na regulamentação e auto-regulação visando melhorar a proteção aos acionistas minoritários no quadro da recém-aprovada Lei das Sociedades Anônimas, favorecendo a plena vigência e a consolidação dos novos dispositivos legais.

13) Propor regime de urgência para o Projeto de Lei 3.741, atualmente no Congresso Nacional, que estabelece novo padrão de contabilidade a ser adotado pelas empresas de capital aberto, e emendar o projeto de modo a que o mesmo seja plenamente ajustado ao padrão internacional (IASB — International Accounting Standards Board).

14) Aprimorar a regulamentação e estimular a criação ou o aperfeiçoamento de códigos de auto-regulação a serem adotados por entidades de mobilização de recursos de poupança popular (gestoras de planos de previdência aberta e fechada, fundos mútuos de investimento e planos de capitalização) contendo regras de governança corporativa, a eliminação de conflitos de interesse (*Chinese wall*), padrões de divulgação ampla de valor de quota, resultados e composição de carteiras de investimento.

15) Estimular as empresas a desenvolverem seus Códigos de Governança Corporativa, num modelo de auto-regulação, a partir dos princípios gerais do IBGC e do Novo Mercado.
16) Sugerir ao governo a criação de um Programa de Governança Corporativa para as empresas estatais.
17) Incentivar as empresas a aderirem ao Novo Mercado da Bovespa.
18) Fortalecer a CVM visando ao aumento de sua eficácia e eficiência operacional, a fim de assegurar a institucionalização de mecanismos eficientes de fiscalização e velocidade no julgamento das faltas e aplicação de penalidades, mediante a consolidação de sua autonomia orçamentária e a criação de condições para a contratação e manutenção de equipes técnicas de alta qualificação.
19) Propor a criação de Varas da Justiça especializadas em matérias de interesse do mercado de capitais, cobrindo as questões da área financeira, societária e de títulos e valores mobiliários, com o objetivo de agilizar e aumentar a eficácia do Poder Judiciário no julgamento das ações e na execução da lei nessas áreas, como forma de melhorar o *enforcement*, minimizar riscos e reduzir *spreads* e o custo de capital; com o mesmo objetivo, estimular a utilização de Câmaras de Arbitragem.
20) Centralizar a regulamentação e fiscalização de fundos de investimento em um único órgão regulador, aparelhar e reunir Susep e SPC e examinar a experiência internacional para verificar a conveniência da Agência Reguladora do Mercado de Capitais, mediante a ampliação do trabalho com financiamento do BID e do Banco Mundial.
21) Unificar sistemas de liquidação e negociação de ativos em bolsa, a fim de alcançar escala e padrão internacionais.
22) Regulamentar a atividade do *market maker*, inclusive para renda fixa, permitindo que o mesmo mantenha contrato com

a empresa que representa, com a condição de promover ampla divulgação de seus termos para o mercado.
23) Reduzir taxas de registro de emissão da CVM.
24) Permitir que as instituições financeiras coordenadoras de emissão ofereçam garantia firme em valores superiores ao montante inicialmente previsto como instrumento de estabilização de preços após o lançamento, eliminando distorções e *underpricing* que aumentam o custo de capital das empresas e o risco dos intermediários.
25) Dotar o mercado de acesso para empresas de menor porte, para a abertura de capital e emissões primárias de regras de registro e negociação simplificadas e menos onerosas, com a redução de taxas de registro e a fiscalização da CVM.
26) Reduzir custos de publicação, mediante utilização intensa da Internet, bem como outros custos relacionados à manutenção da condição de empresa aberta.
27) Criar escrituras simplificadas e padronizadas de debêntures, por regulação da CVM ou auto-regulação, de forma a viabilizar a criação de um mercado secundário eficiente e ativo.
28) Incentivar fundos de investimento fechados, voltados a investimentos de longo prazo, de inovação tecnológica e de empresas emergentes na negociação de suas quotas em bolsas de valores.
29) Criar um registro de emissão simplificado de títulos e valores mobiliários quando o mesmo tiver por destino sua colocação junto a investidores qualificados. Criar ainda um programa de registro de emissão de debêntures, à semelhança do *medium term notes* americano, composto de um primeiro registro exigindo todo o detalhamento possível, mas que permitisse novas *tranches* apenas com a atualização de informações, sem necessidade de novo registro.

30) Incentivar a criação de fundos que invistam em empresas socialmente responsáveis.
31) Promover e difundir o uso de instrumentos de securitização de recebíveis, uma das principais formas de acesso de empresas fechadas ao mercado de capitais e de redução de seus custos de capital. Eliminar a CPMF na troca dos créditos conforme o prazo, já que a cobrança do referido imposto inviabiliza o processo de securitização.
32) Estimular a constituição de fundos mútuos especializados em títulos de dívida privada. Incentivar também a criação de fundos mútuos de investimento com alíquotas de Imposto de Renda diferenciadas para prazos mais longos, com o objetivo de permitir ao administrador adquirir para os referidos fundos uma quantidade maior de papéis privados, já que haveria menor pressão por liquidez a curto prazo por parte dos aplicadores.
33) Criar fundos mútuos de classe diferenciada de risco, semelhantes aos *high yield* e *junk bonds funds*, visando à sofisticação da análise de crédito e, portanto, à melhor precificação de papéis de renda fixa.
34) Revisar a regulamentação das corretoras com o intuito de reduzir custos e fortalecer a atividade.
35) Regulamentar e incentivar a atuação de fundos *private equity* e *venture capital*, dirigidos à canalização de recursos de capital de risco e de empréstimo para empresas fechadas com grande potencial, bons níveis de governança corporativa e alta probabilidade de abertura de capital no futuro.
36) Incentivar empresas multinacionais instaladas no Brasil a utilizarem o programa de BDR, inclusive para o pagamento de gratificações a seus funcionários. Simplificar os procedimentos de emissão/cancelamento de BDRs e da negociação entre os diversos mercados.

37) Estimular a participação de pequenos investidores no mercado de títulos de dívida privada, estabelecendo limites máximos de preço unitário e incentivando a utilização de sistemas de distribuição de baixo custo, como por exemplo o *home broker*, a sua aquisição via Internet, a exemplo da recente experiência com títulos públicos.

38) Incentivar as empresas — a começar pelas empresas estatais — a emitirem debêntures de baixo valor unitário para venda direta ao público investidor, inclusive pela Internet, a exemplo da experiência bem-sucedida com títulos públicos. Tal medida visa criar a cultura de investimento no mercado de capitais junto ao pequeno investidor, respeitando a tradicional preferência pelo mercado de renda fixa.

39) Modificar as regras do FGTS de forma que o trabalhador possa ter sua poupança compulsória gerida nos moldes do 401 K americano — nesse sistema, o trabalhador pode escolher a destinação de seus investimentos, pelo menos para uma parcela de seu saldo; complementar o Projeto de Lei 3.545/97, que dispõe sobre a utilização do FGTS para a aquisição de valores mobiliários, permitindo a transferência dos depósitos para um fundo de garantia de livre escolha (FGLE).

40) Sugerir ao Congresso Nacional um projeto de lei que permita a redução de até 2% do lucro líquido da base de cálculo para o Imposto de Renda da empresa que distribua ações de sua emissão nesse valor para seus funcionários.

41) Retomar o processo de privatização com base na venda pulverizada de ações, uma vez autorizada a utilização de recursos do FGTS para a participação dos trabalhadores no processo; sugerir emenda à Lei da Privatização determinando que, no mínimo, 25% do lote deverá ser ofertado por meio de leilão pulverizado nas bolsas de valores.

42) Dar continuidade à venda de participações acionárias minoritárias ao público, inclusive com a utilização do FGTS, a exemplo do que foi feito com ações da Petrobras e da CVRD, e está sendo agora anunciado para ações do Banco do Brasil.
42) Apoiar a criação da Escola Nacional de Investidores (ENI) como forma de disseminar a cultura de investimento no mercado de capitais, bem como a formação de clubes de investimento.
44) Propor ao Ministério da Educação a inclusão, nas faculdades de economia, administração e outras ligadas ao segmento financeiro, da cadeira Mercado de Capitais no currículo dos cursos, bem como de tópicos relacionados ao tema na disciplina Estudos Sociais e outras que sejam adequadas nas grades do Ensino Médio e Profissionalizante.
45) Criar, em parceria com as federações da indústria e do comércio e outras entidades — tais como o IBGC e o Sebrae —, um programa de capacitação empresarial para a utilização do mercado de capitais como fonte de financiamento das empresas, inclusive mediante a securitização de recebíveis e o acesso a fundos de *venture capital* e *private equity*.
46) Publicar um livro, a ser vendido em livrarias, que explique como investir no mercado de capitais.
47) Divulgar o mercado de capitais junto aos empresários, parlamentares, universidades, sindicatos e demais investidores e emissores potenciais. Criar material padronizado de divulgação do mercado de capitais a ser inserido no *site* de companhias abertas, bolsas e associações do mercado, ou ainda distribuído em universidades e eventos que possam ajudar a difundir tais informações para a sociedade em geral.
48) Desenvolver campanha publicitária, básica e dirigida, com o intuito de mudar a imagem negativa que o mercado de capitais tem junto à sociedade, enfatizando seu papel funda-

mental no financiamento do crescimento das empresas e da economia e no atendimento de objetivos sociais, desde a geração de empregos e o acesso a financiamentos de longo prazo para habitação e saneamento, a sustentação de planos de previdência complementar, até a democratização de oportunidades e do capital.

49) Criar estímulos para que o investidor estrangeiro se utilize das bolsas brasileiras em seus investimentos. Fazer *road show* anual nos EUA e na Europa divulgando as bolsas e os serviços prestados, em conjunto com algumas empresas de expressão internacional.

50) Adotar o critério de isonomia competitiva na tributação do mercado de capitais brasileiro com a adoção de regulamentação harmonizada com as melhores práticas internacionais. Nesta linha de atuação, conceder isenção do Imposto de Renda para rendimentos de planos de previdência complementar abertos e fechados no período de acumulação, aplicando-se a tributação apenas no momento do recebimento dos benefícios ou do saque dos recursos, de acordo com as melhores práticas internacionais; eliminar a CPMF no âmbito da reforma tributária, ou, pelo menos, manter a isenção em bolsa e estabelecer nas demais transações alíquota em percentual simbólico, compensável com outro tributo.

IMPLEMENTAÇÃO DO PLANO DIRETOR

Imediatamente após o lançamento do Plano Diretor do Mercado de Capitais, as entidades signatárias colocaram-se em campo para dar início à sua execução, seja no sentido de implementar as ações atribuídas diretamente a elas, seja para promover a adoção das demais medidas.

A Bovespa anunciou a criação do Comitê Coordenador, cuja missão é promover a concretização das propostas do Plano Diretor, coordenando atividades focadas na comunicação, no diálogo e na negociação voltadas aos órgãos governamentais, do Executivo, Legislativo e Judiciário, segmentos econômicos e sociais e à opinião pública em geral. Trata-se de um esforço de *marketing* do Plano, no melhor sentido do conceito. O Comitê Coordenador conta com representantes da Abamec, Abrasca, Adeval, Anbid, Ancor, Bovespa e Ibmec.

Na reunião de seu Conselho Diretor, em 27 de junho último, o Ibmec promoveu a instalação do Codemec — Comitê para o Desenvolvimento do Mercado de Capitais. Participam do Codemec todas as entidades signatárias do Plano Diretor do Mercado de Capitais, com a coordenação técnica do Ibmec. Trata-se de um comitê de natureza técnica, cuja missão é promover a execução e o debate de estudos, projetos e propostas prioritários para o mercado de capitais, em consonância com as diretrizes do Plano Diretor do Mercado de Capitais, mediante a coordenação de esforços das entidades participantes. Com esse mesmo objetivo, o Codemec buscará mobilizar o apoio e a atuação de outras entidades nacionais e internacionais não participantes do Comitê, mas com relevante potencial na área técnica.

Na data de instalação do Codemec, foram anunciados 27 projetos e estudos considerados prioritários (anexo 1 deste capítulo), 2/3 dos quais foram logo adotados pelas entidades participantes que se responsabilizaram por sua execução. Os temas mencionados em anexo foram extraídos das diretrizes e ações específicas constantes do Plano Diretor.

Foram estabelecidos de início alguns critérios e procedimentos para a atuação do Codemec:

a) Quanto aos temas:
— Os temas identificados podem ser decompostos em subtemas ou agregados em projetos mais amplos, dependendo da conveniência ou do interesse das entidades participantes.
— Alguns projetos correspondem ao detalhamento ou à formulação de propostas bem específicas, que, por sua natureza ou pela existência de projetos em discussão no Congresso ou nos órgãos reguladores, podem ou devem ser executados em curto prazo.
— Outros projetos, embora possam ter alta prioridade, revestem-se ainda de caráter exploratório, demandando uma caracterização mais precisa da questão bem como de alternativas de solução, de modo a se organizar o debate.
— O Comitê deverá ponderar esses e outros aspectos visando otimizar a alocação de esforços em função de resultados esperados para o mercado de capitais.

b) Quanto à execução:
- As entidades participantes escolhem livremente os temas de sua preferência, podendo ocorrer que o mesmo tema seja desenvolvido por mais de uma entidade; entretanto, é desejável tirar partido dos benefícios da atuação coordenada proposta pelo Comitê.
- No caso de temas considerados prioritários mas que, por alguma razão, as entidades não tenham condições de executar, poder-se-á examinar a possibilidade de buscar o interesse de outras entidades, inclusive fundações, institutos de pesquisa ou universidades.

A Coordenação Técnica do Ibmec envolve basicamente o seguinte:

a) manter um cadastro de projetos e estudos prioritários;
b) pela operação do *site* do Ibmec, oferecer mecanismos que assegurem acesso rápido e eficiente das entidades e de todos os interessados a quaisquer informações relevantes sobre o conteúdo, textos preliminares ou referências bibliográficas relativos aos temas objeto de estudos e projetos existentes, programados ou em execução, atualizadas pelas entidades responsáveis por sua execução;
c) promover a divulgação pelo *site* do Ibmec dos projetos concluídos, no estilo de audiência pública, com a divulgação de comentários e observações apresentados por outras entidades e o público em geral;
d) promover a realização de duas reuniões por ano, em que se fará a apresentação e o debate dos resultados de projetos por parte das entidades participantes, a formulação de novas propostas e a realização de um balanço das atividades desenvolvidas no âmbito do Codemec.

ANEXO
CODEMEC PROJETOS PRIORITÁRIOS

1) *Ibmec Monitor — Projeto em andamento*: sugestões, propostas e iniciativas; desempenho e funcionalidade do mercado; balanço: implementação do Plano Diretor e seus resultados.
2) *Condições de uma política sustentável para a redução da taxa de juros*: a taxa básica de juros é um dos componentes importantes na determinação do custo de capital das empresas. O projeto pretende apontar os fatores de formação da taxa de juros e as ações de natureza institucional, legal ou de política econômica necessárias para obter uma redução consistente e sustentável da taxa de juros.
3) *Tributação no mercado de capitais brasileiro — isonomia competitiva*: o projeto deverá identificar o conjunto de melhores práticas internacionais no que se refere à tributação no mercado de capitais, visando definir com precisão qual seria a tributação capaz de atender ao conceito de isonomia competitiva no caso do Brasil.
4) *Carga tributária e recuperação da economia formal: redução de alíquotas e ampliação da base de contribuintes — o projeto busca soluções para o Brasil a partir da análise de*

experiência internacional: a elevação continuada da carga tributária tem alavancado a participação da economia informal, fazendo com que a maioria das empresas participe numa dada proporção da informalidade. Isso torna ao acesso a crédito bancário difícil e oneroso para a maioria das empresas do setor produtivo, além de representar um limite absoluto para o mercado de capitais.

A solução implica uma verdadeira revolução tributária: forte redução das alíquotas e ampliação da base de contribuintes. O projeto pretende analisar experiências bem-sucedidas de ajustes tributários dessa natureza no plano internacional de modo a formular um projeto dessa natureza para o Brasil.

5) *Proteção a credores: emendas ao Projeto de Lei de Falências e outras propostas*: os indicadores disponíveis mostram que a proteção a credores no Brasil é insuficiente, elevando o risco de crédito e os prêmios de risco, do que resultam altos custos de capital. O projeto busca a formulação de um conjunto de propostas específicas, algumas das quais a serem incorporadas ao Projeto de Lei de Falências atualmente em tramitação no Congresso, de modo a reduzir fortemente esse componente do custo de capital e harmonizar a proteção a credores no Brasil com as melhores práticas internacionais.

6) *Valor da empresa, custo de capital e proteção ao investidor*: nos últimos dois anos, começaram a surgir evidências quantitativas de que maior proteção ao investidor reduz os custos de capital próprio e aumenta o valor de mercado das empresas. O objetivo deste trabalho é fazer uma resenha desses aspectos e desenvolver estimativas próprias de valorização de empresas no mercado brasileiro. A difusão desses dados será um dos principais elementos para induzir as em-

presas a melhorar seus padrões e ingressarem no Novo Mercado da Bovespa.

7) *Condições de financiamento da empresa privada nacional — acompanhamento*: a missão do mercado de capitais é mobilizar recursos e dirigi-los para o financiamento dos investimentos e do consumo. O conhecimento das condições de financiamento do setor privado brasileiro, que deve necessariamente liderar a retomada do crescimento, é elemento essencial para identificar as ações e oportunidades a serem implementadas com vista a inserir uma proporção crescente do setor produtivo no mercado de capitais.

8) *Reorganização de órgãos reguladores: a reforma do sistema financeiro e a viabilidade da agência reguladora do mercado de capitais*: o mercado de capitais brasileiro é objeto da regulação implementada por vários órgãos (CMN, Bacen, CVM, SPC, Susep), o que muitas vezes reduz sua eficácia, compromete o desenvolvimento do mercado e eleva os custos e riscos operacionais e de *compliance* para o setor privado. Depende ainda de legislação complementar o dispositivo constitucional que regula o sistema financeiro, ao mesmo tempo em que se discutem conceitos de autonomia para o Banco Central. O projeto pretende examinar com objetividade os custos e benefícios de um rearranjo do aparato regulatório, com base em uma avaliação objetiva da experiência internacional e uma análise de estudos já desenvolvidos por algumas entidades (Bacen, Banco Mundial, FMI, BIS etc.) e das características institucionais e estruturais do mercado brasileiro.

9) *Governança corporativa e auto-regulação para os agentes de mercado: bolsas, bancos, corretoras, administradores de recursos, analistas de investimentos e auditores*: trata-se de desenvolver projetos específicos de auto-regulação para os

agentes e participantes do mercado de capitais, visando a adoção de padrões de governança corporativa, transparência e proteção de investidores compatíveis com as melhores práticas internacionais. Em princípio, entidades associativas ligadas a cada segmento poderiam desenvolver seus próprios projetos e beneficiar-se da troca de experiencias e informações.

10) Enforcement — *criação de varas de Justiça especializadas em matéria financeira e de mercado de capitais*: a baixa eficácia do *enforcement* no Brasil é colocada por muitos como um fator mais importante que as próprias regras legais e regulamentares no comprometimento da adequada proteção a investidores da garantia de obediência a contratos. O projeto busca examinar a viabilidade e desejabilidade da criação de varas de Justiça especializadas em matéria financeira e de mercado de capitais.

11) Enforcement — *condições para o aumento da eficácia da CVM*: são conhecidas as limitações da CVM que impedem uma atuação mais eficaz, capaz de assegurar a obediência às leis e aos regulamentos do mercado. É de interesse do mercado que a CVM seja competente e eficaz. Com alguma freqüência, sua inserção no Governo inibe a clara indicação das deficiências e das ações requeridas para superá-las. O projeto visa identificar com objetividade as condições de natureza legal, financeira ou operacional necessárias para dar condições de eficácia à CVM.

12) *Proposta de regulamentação para o* market maker — *ações e renda fixa*: trata-se de detalhar o assunto e gerar um projeto específico para essa regulamentação.

13) *Detalhamento de medidas para promover o acesso de pequenas e médias empresas ao mercado de renda fixa*: o Plano Diretor contempla várias sugestões no sentido de facilitar

o acesso dessas empresas a instrumentos ou mecanismos do mercado de capitais. A idéia do projeto é reunir essas proposições em um conjunto específico e consistente de ações visando atingir esse objetivo.

14) *Padronização e redução de custos no mercado de títulos de dívida privada — consolidação das propostas*: existem propostas diversas elaboradas por entidades privadas e pela CVM. O projeto deverá consolidar essas proposições e gerar projetos de ações específicas para atingir esse objetivo.

15) *Popularização do mercado de renda fixa: valor máximo e distribuição via Internet*: trata-se de identificar objetivamente as medidas que podem ser adotadas para popularizar o acesso direto de investidores a títulos de dívida privada.

16) *Proposta de regulamentação de fundos de venture capital e private equity*: o Plano Diretor incorpora uma proposta de regulamentação para fundos de *venture capital* e *private equity*, cujo detalhamento e divulgação são importantes para o encaminhamento final do assunto.

17) *Projeto Escola Nacional de Investidores.*

18) *Previdência complementar no setor público: oportunidades e obstáculos para sua rápida implementação*: trata-se de questão da mais alta relevância para o ajuste fiscal de longo prazo, cujo encaminhamento terá importantes implicações para o mercado de capitais. O projeto deverá caracterizar e dimensionar o problema, identificar e avaliar custos e benefícios de alternativas para o seu encaminhamento e solução.

19) *Cenário do sistema financeiro privado: liderança na mobilização e alocação de recursos para a economia brasileira*: existem razões para acreditar que o sistema financeiro privado, bancos e o mercado de capitais venham a assumir gradativamente o papel central na mobilização e alocação de recursos na economia brasileira, posição essa detida pelo

setor público nas últimas décadas. Levando em conta as tendências internacionais e as especificidades do quadro brasileiro, o projeto deverá formular cenários para o sistema financeiro nacional. Trata-se de visualizar as principais tendências da indústria de serviços financeiros no Brasil, elemento fundamental para o posicionamento estratégico de todos os segmentos participantes desse sistema, bem como para o balizamento da ação governamental.

20) *Projeto de Lei 3.741 — novos padrões de contabilidade: emendas para ajuste pleno a normas internacionais (Iasb)*: o projeto procederá a avaliação das emendas propostas e de detalhamentos adicionais, visando à harmonização com padrões internacionais (Iasb).

21) *Projeto para a unificação dos sistemas de liquidação e negociação de ativos em bolsa visando a escala internacional.*

22) *Projeto para a adoção de medidas de simplificação e redução de custos na emissão, registro e* underwriting *de títulos e valores mobiliários: investidores qualificados,* tranches *adicionais.*

23) *Condições para o desenvolvimento da securitização de recebíveis: — tributação (CPMF), instrumentos e mecanismos legais e operacionais.*

24) *Projeto para a utilização de parte do FGTS para a aquisição de valores mobiliários — fundo de garantia de livre escolha.*

25) *Detalhamento de proposta — inserção da disciplina de Mercado de Capitais no currículo dos cursos de economia, administração, contabilidade e finanças; tópicos relevantes nos demais cursos.*

26) *Certificação do analista de investimentos.*

27) *Alca, OMC e o mercado de capitais.*

CAPÍTULO II

Soluções para o desenvolvimento do mercado de capitais brasileiro: um resumo

O MERCADO DE CAPITAIS E A RETOMADA DO CRESCIMENTO ECONÔMICO*

A RETOMADA DO CRESCIMENTO REQUER CONDIÇÕES COMPETITIVAS DE FINANCIAMENTO

Desafio atual: consolidar a estabilização e retomar o crescimento com o equilíbrio externo

O grande desafio atualmente enfrentado pela economia brasileira é o de consolidar o processo de estabilização e retomar o crescimento econômico, preservando o equilíbrio das contas externas.

Trata-se de configurar uma nova estrutura produtiva em condições de promover uma integração competitiva à economia mundial, provendo o crescimento econômico e o equilíbrio das contas externas.

Com a nova política cambial e o processo de consolidação da estabilização, a economia brasileira está criando condições para a retomada do crescimento de longo prazo.

---
*Esta parte baseia-se em ROCCA e CARVALHO (1999) e Rocca, da Silva e Carvalho (1998).

A retomada do crescimento deve ser liderada por investimentos privados

A retomada do crescimento com o equilíbrio das contas externas exigirá um considerável esforço de investimentos voltados à ampliação da oferta e à elevação da produtividade, especialmente dos setores produtores de bens comercializáveis.

Com a privatização e o estado das contas públicas, esse esforço deverá ser feito predominantemente pelo setor privado, enquanto que o setor público concentrará seus recursos nos gastos sociais.

A maioria das empresas não tem acesso a condições adequadas de financiamento: obstáculo à retomada

Como se verá adiante, somente um pequeno grupo de empresas constituído de multinacionais e das maiores nacionais tem acesso a fontes externas ou domésticas de financiamento em condições menos desfavoráveis. São virtualmente inexistentes alternativas competitivas para a grande maioria das empresas, que depende exclusivamente de fontes de recursos domésticas.

A integração competitiva à economia mundial requer condições de financiamento comparáveis às dos concorrentes internacionais

Essas deficiências têm se tornado ainda mais relevantes em face dos ganhos de eficiência alocativa, redução de custos de capital e multiplicação de alternativas de financiamento disponíveis para alguns dos principais concorrentes internacionais.

Como será destacado adiante, o extraordinário avanço observado no sistema financeiro internacional nos últimos dez ou quinze anos, com a modernização do sistema bancário e o aumento da participação do mercado de capitais na mobilização e alocação de recursos para o setor produtivo, tem resultado em enorme vantagem competitiva para os países e economias que conseguiram criar essas condições, reforçando a desvantagem das empresas brasileiras.

As condições de financiamento do setor privado constituem hoje um dos principais obstáculos à retomada dos investimentos privados e à competitividade internacional da economia brasileira.

Para retomar o crescimento de longo prazo e integrar a economia brasileira de modo competitivo à economia mundial, é imprescindível modernizar o sistema financeiro (bancos e mercado de capitais) de modo a aumentar a eficiência de mobilização e alocação de recursos e oferecer ao setor produtivo custos de capital e condições de financiamento comparáveis àqueles disponíveis para os competidores internacionais.

O MERCADO DE CAPITAIS E O SISTEMA BANCÁRIO PRIVADO DEVEM ASSUMIR O PAPEL CENTRAL NA MOBILIZAÇÃO E ALOCAÇÃO DE RECURSOS NA ECONOMIA BRASILEIRA

Desde o pós-guerra, o setor público tem assumido o papel central na mobilização e alocação de recursos de poupança e de investimento na economia brasileira, cabendo ao sistema bancário privado e ao mercado de capitais posições secundárias.

A partir do início da década de 1990, com a abertura externa, a privatização de empresas estatais e a estabilização, passam a ser criadas condições para que o sistema financeiro privado assuma o papel fundamental de mobilizar e alocar recursos de poupança na economia brasileira.

A exigência do ajuste fiscal para preservar a estabilização e as enormes demandas nas áreas de previdência, educação e saúde devem concentrar o foco do setor público nos gastos sociais. Por outro lado, a integração da economia brasileira à economia mundial implica a assunção de compromissos junto a órgãos internacionais (OMC) e regionais (Mercosul), reduzindo substancialmente a liberdade de atuação governamental sobre preços relativos e alocação de investimentos privados. Tarifas, incentivos e subsídios terão um papel cada vez menor na indução e alocação de investimentos.

Desse modo, não parece realista imaginar que, nas atuais circunstâncias, o investimento ou mesmo o financiamento da retomada de investimentos privados possam ser liderados pelo setor público, reproduzindo o modelo de décadas passadas. Apesar de sua importância, os recursos do BNDES, BNDESPAR e da Finep atendem apenas a um número limitado de projetos e empresas. A exemplo do que ocorre com as economias mais bem-sucedidas do mundo, caberá daqui por diante ao sistema financeiro privado, aos bancos e mercado de capitais o papel central no desempenho dessas funções.

MODERNIZAÇÃO DO SISTEMA FINANCEIRO: O MERCADO DE CAPITAIS E UM SISTEMA BANCÁRIO EFICIENTE ACELERAM O CRESCIMENTO ECONÔMICO

Evidência internacional

Nos últimos anos, um grande número de trabalhos de pesquisa tem reforçado a hipótese de que o desenvolvimento financeiro é um importante fator de crescimento econômico. Embora essa hipótese seja muito antiga, só recentemente acumulou-se evidência empírica convincente, sustentando inclusive a existência de relação causal.

Nas economias mais bem-sucedidas, a modernização do sistema financeiro é apontada como fator de primeira grandeza na manutenção e aceleração do crescimento econômico. Por exemplo, uma parcela considerável do excepcional desempenho da economia norte-americana nos últimos anos tem sido atribuída à eficiência de seu sistema financeiro.

Análises feitas com base em dados de dezenas de países em períodos longos de tempo mostram que sistemas financeiros mais desenvolvidos e ativos estão associados a taxas mais altas de crescimento econômico, mesmo depois de levadas em conta outras variáveis relevantes para explicar o crescimento.[34, 38, 39, 48]

As figuras abaixo resumem o resultado de um desses trabalhos. Usando dados de 39 países no período de 1976 a 1993, Levine (1997) verificou a existência de uma clara correlação positiva entre o desenvolvimento bancário em 1976 e as taxas de crescimento econômico no período subseqüente (1976-1993). Essa correlação se manteve estatisticamente significante, mesmo depois de se considerar na mesma relação um conjunto de variáveis usualmente correlacionadas com o crescimento econômico.

FIGURA 1

DESENVOLVIMENTO BANCÁRIO INICIAL MEDIDO PELA RAZÃO ENTRE EMPRÉSTIMO A EMPRESAS E PIB EM 1976 E CRESCIMENTO ECONÔMICO SUBSEQÜENTE (1976-1993)

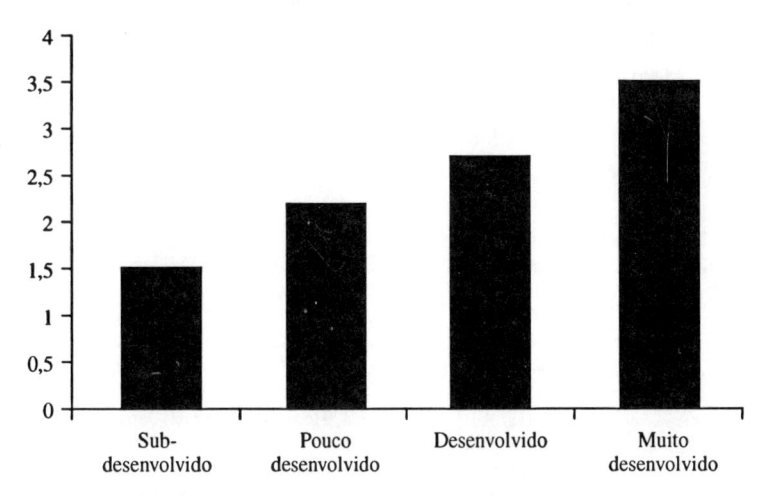

FONTE: ROCCA, C.A., CARVALHO, A.G., SILVA, M.E., 1998. *Sistema Financeiro e Crescimento Econômico*. Trabalho realizado para a Bovespa.

Resultados semelhantes são obtidos quando se correlaciona crescimento com indicadores de desenvolvimento do mercado de capitais. Na figura a seguir, constata-se também que os países com mercados acionários mais líquidos em 1976 cresceram mais no período subseqüente (1976-1993).

FIGURA 2

LIQUIDEZ INICIAL MEDIDA PELA RAZÃO
ENTRE O VALOR TRANSACIONADO E PIB EM 1976
E CRESCIMENTO ECONÔMICO SUBSEQÜENTE (1976-1993)

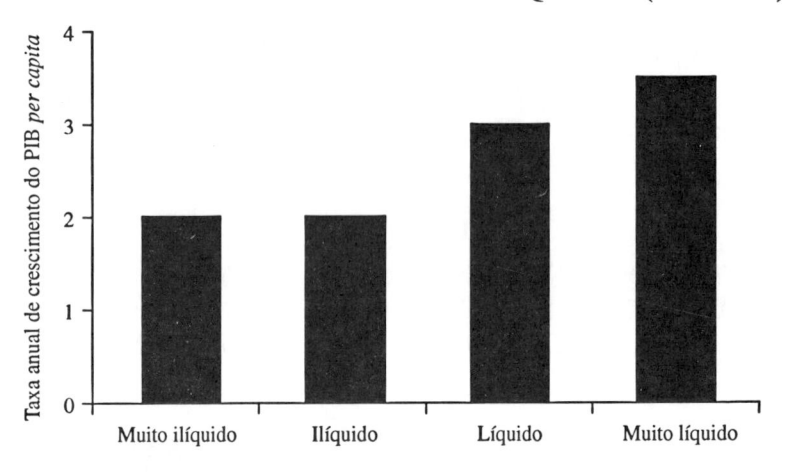

[Gráfico de barras: Taxa anual de crescimento do PIB *per capita* — Muito ilíquido: 2; Ilíquido: 2; Líquido: 3; Muito líquido: 3,5]

FONTE: Levine, R. 1997 "Stock Markets: A spur to Economic Growth", in Finance and Development, março, p. 9.

Nota:
(1) Dados de:
9 economias **muito ilíquidas**: Áustria, Colômbia, Dinamarca, Finlândia, Indonésia, Nigéria, Noruega, Portugal e Venezuela;
10 economias **ilíquidas**: Argentina, Bélgica, Grécia, Jordânia, Luxemburgo, México, Espanha, Suécia e Zimbábue; Tailândia, Reino Unido e Venezuela;
10 economias líquidas: Brasil, Chile, França, Alemanha, Índia, Coréia, Malásia, Holanda e Filipinas;
10 economias **muito líquidas**: Austrália, Canadá, Hong Kong, Israel, Japão, Cingapura, Taiwan, China, Reino Unido e Estados Unidos.
(2) Esta relação permanece verdadeira mesmo quando consideradas outras variáveis como: renda inicial, nível inicial de matrícula no 2º grau, gastos do Governo como proporção do PIB, taxa de inflação, soma das importações e exportações como parcela do PIB, ágio do mercado paralelo e crédito bancário ao setor privado como proporção do PIB.
Figura extraída de Levine, R., 1997, "Stock Markets: A Spur to Economic Growth", *Finance And Development*, março, p. 9.
ROCCA, C. A., CARVALHO, A. G., SILVA, M. E. (1998). *Sistema financeiro e crescimento econômico*. Trabalho realizado para a Bovespa.

Modernização do sistema financeiro: crescimento acelerado do mercado de capitais

Desde meados da década de 1980, os sistemas financeiros dos países mais desenvolvidos têm apresentado intenso processo de mudança, propiciado por inovações tecnológicas nas áreas de informática e telecomunicações, desregulamentação, privatização e avanços da tecnologia financeira.

Essas condições permitiram desenvolver novos modos de desempenhar as funções tradicionais do sistema financeiro. Uma parcela cada vez maior dos recursos antes intermediados pelo sistema bancário passou a fluir via mercado de capitais, acessado diretamente pelas empresas mediante emissão de ações e títulos de dívida. Sua difusão e permanência têm por base a lógica econômica — esses novos modos de mobilizar e alocar recursos de poupança são mais eficientes e de menor custo, comparativamente aos tradicionais.

Nos EUA, onde essas tendências mais avançaram, verifica-se que o saldo de ativos financeiros emitidos por empresas privadas não-financeiras corresponde a mais do dobro do total de ativos bancários. No Japão e principalmente na Europa, o sistema bancário ainda é dominante, mas as tendências observadas nos últimos anos são no sentido de reforçar acentuadamente a importância do mercado de capitais.[45]

TABELA 1
INDICADORES DO TAMANHO DO MERCADO DE CAPITAIS
(1995) UNIÃO EUROPÉIA, EUA E JAPÃO

	União Européia	Japão	EUA
PIB (US$ bilhões)	8.427,0	5.114,0	7.253,8
Em % do PIB: capitalização bursátil	44,8%	71,7%	94,5%
Títulos de dívida privados	45,8%	36,7%	59,2%
Soma	90,6%	108,4%	153,7%
Ativos bancários	175,8%	144,3%	68,9%
Dívida pública	57,1%	67,5%	92,5%
Total	323,5%	320,2%	315,1%

FONTE: Prati e Schinasi (1996).
ROCCA, C. A., CARVALHO, A. G., Silva, M. E, (1998). *Sistema financeiro e crescimento econômico*. Trabalho realizado para a Bovespa.

Principais processos e inovações: institucionalização da poupança, securitização, novos mecanismos de mobilização e alocação de recursos e novos modos de administrar e distribuir riscos

As mudanças observadas desde meados da década de 1980 têm levado o mercado de capitais a assumir uma posição cada vez mais importante na mobilização e alocação de recursos de poupança em favor do setor produtivo. Os principais processos e inovações têm por base:

— A institucionalização da poupança: crescimento acentuado da importância de investidores institucionais — fundos de pensão, previdência aberta, fundos mútuos de investimento, companhias de seguros.

— A criação de novos instrumentos de financiamento, destacando-se a securitização de ativos (hipotecas, recebíveis em geral), permitindo também a montagem de estruturas complexas para o financiamento de projetos de longo prazo (*project finance*).

— A criação de novos mecanismos de mobilização de recursos e fundos destinados a investir capital de risco e de empréstimo em empresas emergentes e de inovação tecnológica (*seed money, venture capital, private equity*).

— O desenvolvimento de novos modos de administrar e distribuir riscos, mediante diversificação, utilização de mercados de derivativos (*hedge*) e seguros.

Resultados: maior eficiência na alocação de recursos, mais alternativas de financiamento, menores custos de capital

Essas inovações, combinadas com mercados secundários ativos e líquidos, têm permitido ampliar a oferta de capitais de risco e de empréstimo, inclusive para empreendimentos de alto risco, projetos de longa maturação e financiamentos de longo prazo (imobiliário), operações que mesmo um sistema bancário moderno e eficiente tem dificuldade em atender.

Em síntese, o exame da experiência internacional mostra que a modernização do sistema financeiro e o desenvolvimento do mercado de capitais têm impactos favoráveis sobre o crescimento econômico:

a) aumentam a eficiência de alocação de recursos;
b) viabilizam estruturas de financiamento para investimentos de longo prazo — ações, debêntures, *project finance*;
c) geram oportunidades de financiamento para empresas emergentes, inovativas e de alta tecnologia, inclusive pequenas e médias empresas, com efeitos positivos sobre o crescimento da produtividade;

d) estimulam a abertura de capital de empresas fechadas, gerando condições e veículos de saída para o desenvolvimento de fundos de *venture capital* e *private equity*;
e) oferecem alternativas de financiamento para empresas fechadas no mercado de capitais, especialmente na forma de securitização de recebíveis;
f) estimulam a melhoria de governança corporativa das empresas;
g) viabilizam a securitização de hipotecas (*asset backed securities*), com a operação de um mercado secundário ativo para títulos de dívida privada, que é hoje o principal mecanismo de financiamento de longo prazo para habitação nos mercados desenvolvidos.

A nova indústria de serviços financeiros

Essas mudanças originaram um processo de reestruturação e consolidação do sistema bancário do qual a sucessão de fusões e aquisições observadas nos últimos anos constitui a parte mais evidente. Tipicamente os mercados de capitais constituem a solução preferida no caso de produtos financeiros padronizados, enquanto os bancos têm melhor desempenho em soluções customizadas ou em casos em que a avaliação e monitoração de riscos oferecem maiores dificuldades.

Embora o desenvolvimento recente dos sistemas financeiros tenha implicado acentuado crescimento da importância e da escala do mercado de capitais, tudo indica que é importante modernizar e aumentar a eficiência do sistema financeiro como um todo.

Além disso, a experiência dos últimos anos fornece razões para acreditar que a existência de um sistema financeiro diversificado — sistema bancário e mercado de capitais ativo — permite minimizar os efeitos e reduzir a duração de crises que venham a afetar um ou outro segmento. Existem indicações de que as economias que dispõem de sistemas financeiros diversificados podem absorver melhor choques de origem interna ou internacional e minimizar seus impactos sobre o setor real e o crescimento econômico. Greenspan (1999)[19] menciona várias evidências nessa direção.

O MERCADO DE CAPITAIS NO BRASIL

RETROSPECTO

O sistema financeiro brasileiro é pouco desenvolvido em relação a padrões internacionais

Todos os indicadores de dimensão do sistema financeiro brasileiro (bancos e mercado de capitais) como proporção do PIB, com exceção dos saldos de dívida pública, são muito inferiores aos dos países desenvolvidos e se situam abaixo de várias economias emergentes da Ásia ou América Latina.[10] Na figura adiante é feita uma comparação com grupos de países da América Latina, desenvolvidos e emergentes.

As principais observações são as seguintes:

a) O crédito ao setor privado atinge menos de 30% do PIB, contra percentuais de 70% a 125% nos EUA e na União Européia e cerca de 55% no Chile.
b) A capitalização de mercado, em termos absolutos a maior da América Latina, tem flutuado entre 25% e 40% do PIB

FIGURA 3

ESTRUTURA DE SISTEMAS FINANCEIROS
(*dezembro 1998*)

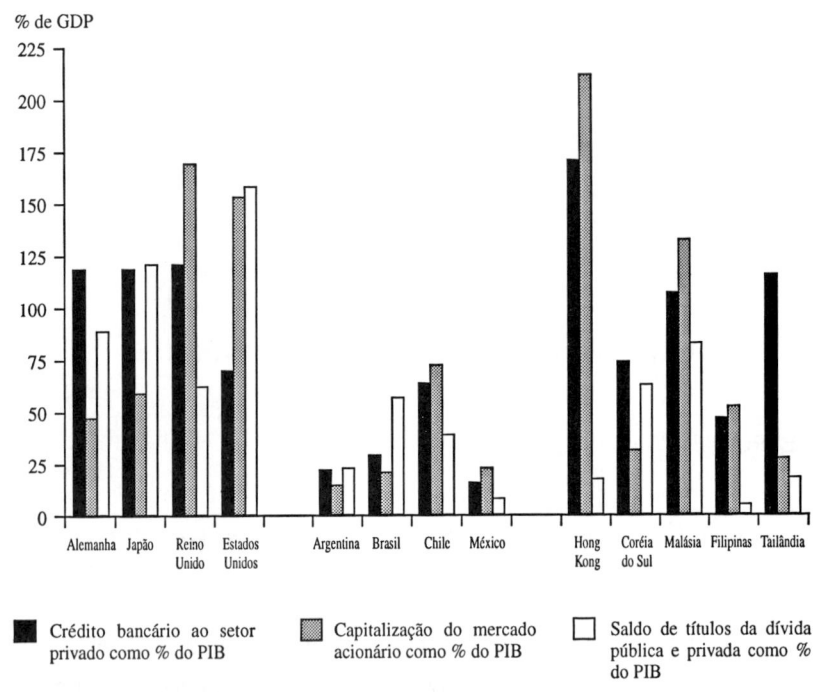

% de GDP

■ Crédito bancário ao setor privado como % do PIB
▨ Capitalização do mercado acionário como % do PIB
☐ Saldo de títulos da dívida pública e privada como % do PIB

FONTE: Beck, Demirguç-Kunt e Levine (1999).
CLAESSENS, Stijn. Corporate, 2000. *Governance Reform Issues in the Brazilian Equity Markets.* Mimeo.

nos últimos anos, contra quase 75% no Chile, 50% a 60% nos principais países da Europa continental e mais de 150% nos EUA e na Inglaterra.

c) A maior defasagem verifica-se no saldo de títulos de dívida emitidos pelo setor privado não-financeiro (debêntures, *commercial papers*), que representam menos de 4% do PIB de 1997 contra mais de 59% nos EUA[45] em 1995.

Na tabela adiante comparam-se alguns indicadores calculados para o Brasil (em dezembro de 1997) com outros de países desenvolvidos, conforme apuração feita em 1995. Os ativos privados de mercado de capitais representavam 35,5% do PIB brasileiro, comparativamente a 90,6% na União Européia, 108,4% no Japão e 153,7% nos EUA.

TABELA 2
INDICADORES DO TAMANHO DO MERCADO DE CAPITAIS

	Dez-97 Brasil	União Européia	1995 Japão	EUA
PIB (US$) bilhões)	804,1	8.427,0	5.114,0	7.253,8
Em % do PIB: Capitalização bursátil	31,8%	44,8%	71,7%	94,5%
Títulos de dívida privados	3,7%	45,8%	36,7	59,2%
Subtotal	35,5%	90,6%	108,4%	153,7%
Dívida pública	32,8%	57,1%	67,5%	92,5%
Ativos bancários	47,1%	175,8%	144,3%	68,9%
Total	115,3%	323,5%	320,2%	315,1%

FONTE: Banco Central, Bovespa, Prati e Schinasi, 1996.
ROCCA, C. A., CARVALHO. A. G. (1999). *Mercado de capitais e o financiamento das empresas abertas*. Trabalho realizado para a Abrasca.

Entre 1995 e 1998, o crescimento da dívida externa é a maior fonte de financiamento do setor privado; com sua estabilização a partir de 1999, o fluxo de crédito doméstico adquire alguma importância

Não encontram-se disponíveis dados consolidados oficiais relativos às fontes de recursos de financiamento do setor privado. Entretanto, é possível ter uma idéia aproximada de sua composição a partir da evolução dos saldos agregados de algumas das mais importantes operações de captação de recursos utilizadas pelo setor privado: saldos de títulos de dívida de emissão privada no mercado doméstico (debêntures e notas promissórias), saldos de dívida externa privada e saldos de crédito do sistema financeiro a pessoas jurídicas.

a) Apesar das limitações de dados, pode-se verificar que no período de vigência da âncora cambial, entre 1995 e 1998, o crédito externo foi a principal fonte de financiamento do setor privado. O saldo da dívida externa do setor privado em dólares cresceu 130% (de US$ 56 bilhões em 1995 para US$ 129 bilhões em 1998), para um volume de crédito a pessoa jurídica estagnado em torno de US$ 90 bilhões e emissões primárias de ações e títulos de dívida no intervalo de US$ 14 bilhões a US$ 19 bilhões (valor que inclui debêntures emitidas por empresas de *leasing*).

b) Em 1999 e 2000, o quadro muda radicalmente, após a adoção do câmbio flutuante; embora os saldos totais de passivo externo em dólares (US$ 126 bilhões) sejam ainda maiores que os de crédito doméstico (US$ 83 bilhões) em 2000, o fluxo líquido de operações em moeda estrangeira é negativo (cerca de — US$ 1,2 bilhão em 1999 e —US$ 1,5 bilhão em 2000) e cresce acentuadamente o saldo de crédito a pessoas jurídicas (de R$ 110 bilhões em 1998 para R$ 163 bilhões em 2000).

O custo dos empréstimos tem sido superior à taxa de retorno do ativo da maioria das empresas

Estimativas realizadas para o exercício de 1997 (Rocca e Carvalho, 1999) com base em informações do balanço de empresas privadas de controle nacional, entre as 2.500 maiores empresas, demonstra que o custo de capital de giro de fontes domésticas tem se situado acima da taxa de retorno dos ativos da grande maioria das empresas.

Mercado de ações: após um ciclo de crescimento induzido por abertura, privatização e estabilização, indicadores dão sinais de estagnação ou retrocesso

1) *O mercado secundário parou de crescer:*

A liberalização dos fluxos de capital estrangeiro, a privatização e a estabilização ampliaram o mercado secundário de ações na déca-

FIGURA 4
CAPITALIZAÇÃO BURSÁTIL BOVESPA
(Total em US$ milhões e % do PIB 1982-1997 — média móvel em 3 anos)

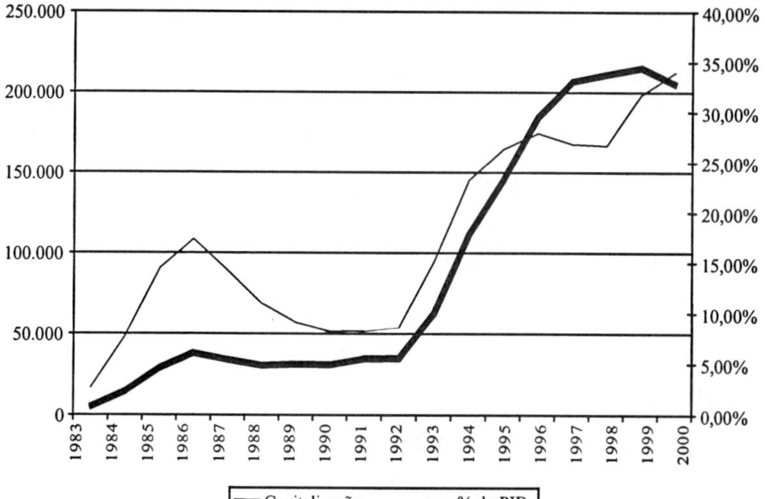

FONTE: CVM e Macrométrica.
ELABORAÇÃO: Care Consultores.

da de 1990. A média da capitalização de mercado sobre o PIB no período de 1993 a 1999 foi de 27%, muito superior ao padrão histórico (tendo raramente ultrapassado 10% desde 1980). Entretanto, esse indicador dá sinais de estagnação no final da década, como fica evidenciado na figura 4.

FIGURA 5
VOLUME DE NEGÓCIOS NAS BOLSAS DE VALORES
(Total em milhões e % do PIB 1982-1997 — média móvel em 3 anos)

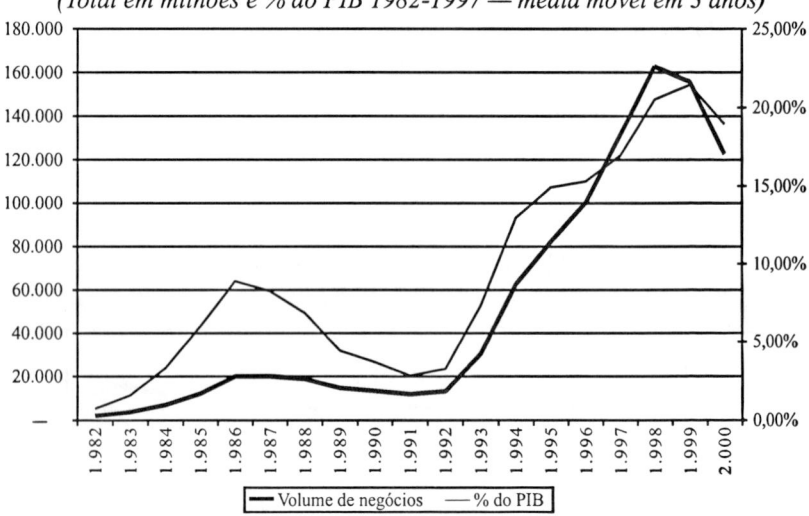

FONTE: CVM e Macrométrica.
ELABORAÇÃO: Care Consultores.

O volume transacionado, que havia crescido acentuadamente desde 1992 chegando a atingir mais de 22% do PIB em 1998, reduziu-se para apenas 16% em 2000.

FIGURA 6
EMISSÃO DE AÇÕES COMO PROPORÇÃO DA FORMAÇÃO
BRUTA DE CAPITAL FIXO
(Média móvel em 3 anos)

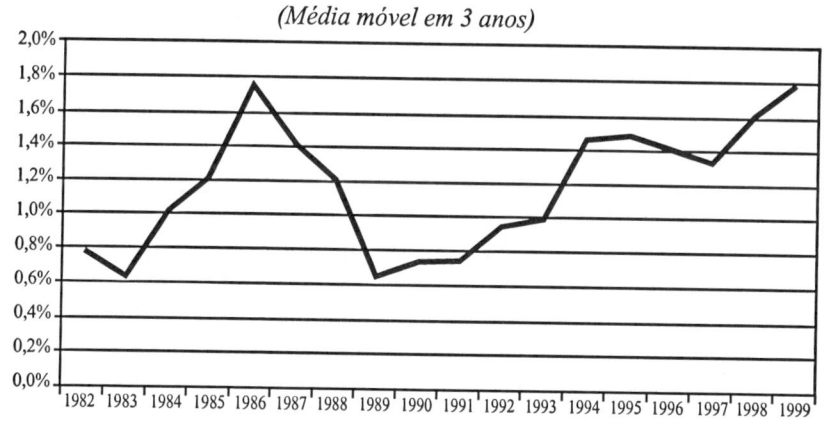

FONTE: CVM.

2) *O mercado primário não acompanhou o dinamismo do mercado secundário; representa parcela irrelevante da formação de capital fixo:*

No mercado primário, as emissões somente ultrapassaram o valor de US$ 1 bilhão a partir de 1994, com média de US$ 2,3 bilhões entre 1994 e 1999, atingindo seu valor máximo em 1997 e 1998 (cerca de US$ 3,5 bilhões). Como proporção da formação bruta de capital fixo, o total de emissões primárias esteve entre 0,7% e 2,2% no período de 1994 a 1999.

Numa amostra de 52 países com dados[49] de 1996, o Brasil ocupa o posto 45 quando se toma o valor das emissões primárias como proporção da formação bruta de capital fixo (cerca de 1%). Algumas comparações: África do Sul, 30%; Holanda, 18%; EUA, 17%; Reino Unido, 17%; Austrália, 15%; República Tcheca, 15%; Malásia, 14%; Chile, 14%; Índia, 11%.

TABELA 3
EMISSÃO DE AÇÕES COMO PROPORÇÃO DA FORMAÇÃO BRUTA DE CAPITAL FIXO (1996)

País	Emissão de ações sobre a formação bruta de capital	País	Emissão de ações sobre a formação bruta de capital
África do Sul	0,30	França	0,05
Holanda	0,18	Hungria	0,05
Estados Unidos	0,17	Quênia	0,05
Reino Unido	0,17	Alemanha	0,04
Austrália	0,15	Bahrain	0,04
República Tcheca	0,15	Coréia	0,04
Chile	0,14	Noruega	0,04
Malásia	0,14	Sri Lanka	0,04
Índia	0,11	Turquia	0,04
Jordânia	0,11	Dinamarca	0,03
Nova Zelândia	0,10	Finlândia	0,03
Omã	0,10	Grécia	0,03
Canadá	0,09	Irã	0,03
Eslovênia	0,09	Israel	0,03
Marrocos	0,09	Portugal	0,03
Suécia	0,09	Bangladesh	0,02
Filipinas	0,08	Itália	0,02
Indonésia	0,08	Peru	0,02
Nigéria	0,08	**Brasil**	**0,01***
Gana	0,07	Áustria	0,01
Paquistão	0,07	México	0,01
Tunísia	0,07	Polônia	0,01
Bélgica	0,06	Bulgária	0,00
Tailândia	0,06	Eslováquia	0,00
Zimbábue	0,06	Panamá	0,00
Colômbia	0,05	Uruguai	0,00

FONTE: Rajan, Raghuram G. e Zingales, Luigi (1999).
FONTES PRIMÁRIAS: FIBV e FMI (Internacional Financial Statistics).
*Exclui emissão do Banco do Brasil no valor de US$ 8 bilhões.
CARVALHO, A. G. (2000). "Ascensão e declínio do mercado de capitais no Brasil: a experiência dos anos 90". Estudos para o desenvolvimento do mercado de capitais. Bovespa, junho de 2000, p. 24-47.

A fraqueza do mercado de emissões primárias não só compromete o crescimento do mercado de ações, como também limita o espaço para o crescimento de fundos de *venture capital*. Jeng e Wells (1998) mostram que numa análise de 15 países, investimentos de *venture capital* são fortemente comandados por IPOs e pela escala dos fundos de previdência privada.[10]

O mercado de capitais não é alternativa de captação de recursos para a maioria das empresas

1) *Vantagens das empresas abertas: liquidez para os acionistas e captação de recursos*:

Perguntadas sobre as principais vantagens das empresas abertas, numa amostra de 43 dessas empresas, verificou-se que fatores relacionados com a captação de recursos aparecem com maior freqüência em primeiro lugar, com 46,6% (sendo 27,9% via ações e 18,7% via instrumentos de dívida), enquanto que a liquidez para os acionistas vem logo em seguida (41,9% das vezes em primeiro lugar).

2) *Poucas empresas abertas conseguem auferir esses benefícios*:

— Apenas um pequeno número de empresas tem liquidez. Na tabela adiante, é possível examinar a distribuição das ações negociadas na Bovespa, classificadas segundo a freqüência nos pregões.

TABELA 4
DISTRIBUIÇÃO DA PRESENÇA EM PREGÃO DOS PAPÉIS NEGOCIADOS NA BOVESPA

Período: 1/9/1999 a 31/8/2000 — 250 dias de pregão

Intervalo	Freqüência	Freqüência (%)	Acumulado crescente	Acumulado decrescente
1-10	198	28,5%	28,5%	100,0%
11-20	68	9,8%	38,3%	71,5%
21-30	40	5,8%	44,1%	61,7%
31-40	30	4,3%	48,4%	55,9%
41-50	14	2,0%	50,4%	51,6%
51-60	17	2,4%	52,9%	49,6%
61-70	29	4,2%	57,1%	47,1%
71-80	10	1,4%	58,5%	42,9%
81-90	18	2,6%	61,1%	41,5%
91-100	13	1,9%	63,0%	38,9%
101-110	9	1,3%	64,3%	37,0%
111-120	12	1,7%	66,0%	35,7%
121-130	12	1,7%	67,7%	34,0%
131-140	9	1,3%	69,0%	32,3%
141-150	8	1,2%	70,2%	31,0%
151-160	9	1,3%	71,5%	29,8%
161-170	9	1,3%	72,8%	28,5%
171-180	8	1,2%	73,9%	27,2%
181-190	9	1,3%	75,2%	26,1%
191-200	10	1,4%	76,7%	24,8%
201-210	8	1,2%	77,8%	23,3%
211-220	13	1,9%	79,7%	22,2%
221-230	13	1,9%	81,6%	20,3%
231-240	12	1,7%	83,3%	18,4%
241-249	56	8,1%	91,4%	16,7%
250	60	8,6%	100,0%	8,6%

FONTE: Bovespa.

Num período de 250 dias úteis, entre setembro de 1999 e agosto de 2000, apenas 60 ações (8,6% do total de 696 consideradas) foram transacionadas. Mais da metade dos papéis (cerca de 53%) foi transacionada em apenas 60 dias de pregão ou menos, ou seja, no máximo em 24% dos pregões.

— A grande maioria das empresas tem baixa valorização e elevado custo de capital próprio. Usando alguns indicadores tradicionais de valorização das empresas em bolsa, verificam-se baixos padrões de valorização, muito inferiores aos observados internacionalmente.

Numa amostra de 197 ações da Bovespa no período de 1995 a 1997, apenas 35 companhias (18,7% da amostra) tinham P/L superior à média (15,5), enquanto que cerca de ¾ (146 empresas) apre-

FIGURA 7
DISTRIBUIÇÃO DE P/L MÉDIO DE 1995 A 1997 DE 197 PAPÉIS
Mediana do P/L = 5,99
Mediana do P/L do Ibovespa = 7,27

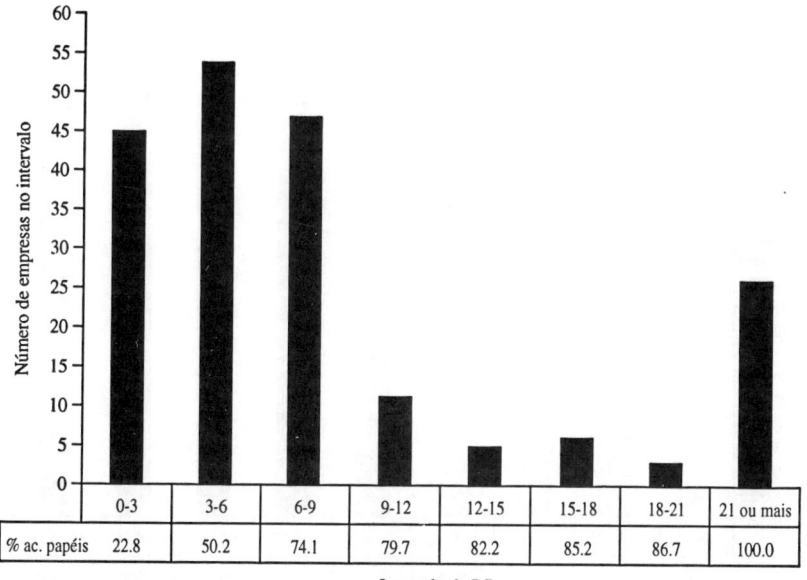

Intervalo de P/L	0-3	3-6	6-9	9-12	12-15	15-18	18-21	21 ou mais
Número de empresas no intervalo	45	54	46	11	5	6	2	26
% ac. papéis	22.8	50.2	74.1	79.7	82.2	85.2	86.7	100.0

FONTE: Bovespa.
ROCCA, C.A., CARVALHO, A.G., 1999. *Mercado de Capitais e o Financiamento das Empresas Abertas*. Trabalho realizado para a Abrasca.

sentavam P/L inferior a 9 e para 100 empresas esse indicador era inferior a 6. Para fins comparativos, é bom lembrar que o P/L médio da Bolsa de Nova York (SP500) era da ordem de 21 naquele período.

Examinando-se a relação preço/valor patrimonial numa amostra de 332 papéis, no período de 1995 a 1997, verifica-se que 78,3% (260 papéis) foram transacionados abaixo de seu valor patrimonial. Em mais da metade dos casos (53,6%) a cotação era inferior à metade do valor patrimonial.

Esses indicadores refletem custos de capital próprio extremamente elevados, como é analisado na figura a seguir.

FIGURA 8
DISTRIBUIÇÃO ACUMULADA DO PREÇO
POR VALOR PATRIMONIAL
AMOSTRA DE 332 PAPÉIS
(*Valor médio 1995-1997*)

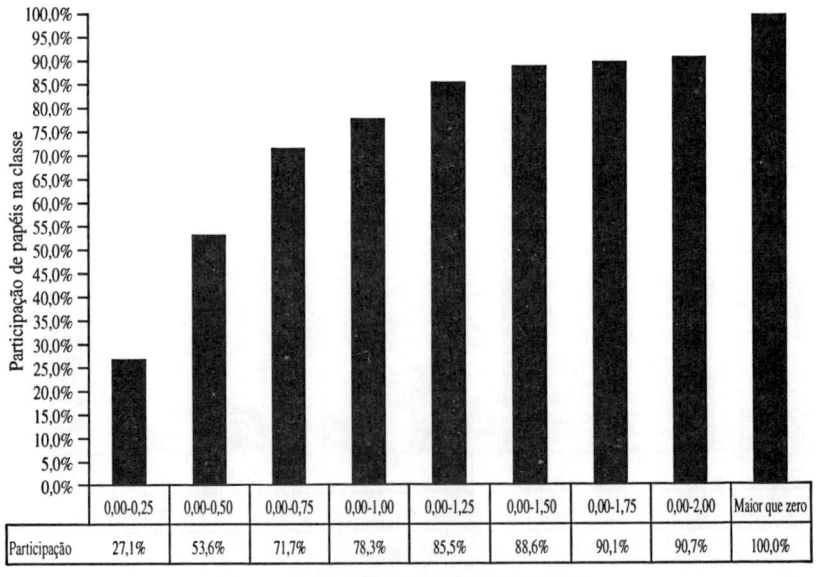

Classe de preço por valor patrimonial	Participação
0,00-0,25	27,1%
0,00-0,50	53,6%
0,00-0,75	71,7%
0,00-1,00	78,3%
0,00-1,25	85,5%
0,00-1,50	88,6%
0,00-1,75	90,1%
0,00-2,00	90,7%
Maior que zero	100,0%

FONTE: Bovespa.
ROCCA, C.A., CARVALHO, A.G., 1999. *Mercado de Capitais e o Financiamento das Empresas Abertas*. Trabalho realizado para a Abrasca.

3) *O custo de capital de terceiros de empresas abertas, embora elevado, é menor que o de empresas fechadas*:

Apesar da pequena proporção de empresas abertas que conseguem auferir os benefícios esperados do mercado de capitais, os dados sugerem que essas empresas se beneficiam de menores custos de empréstimos bancários.

Em amostra de 548 empresas privadas de controle nacional, extraída das 2.500 maiores empresas (cadastro Austin Asis), verifica-se que a estimativa de custo médio de seu passivo oneroso era inferior à das empresas fechadas. O resultado obtido para 342 empresas fechadas em 1997 (relação entre despesas financeiras em 1997 e o saldo médio de capital de terceiros em 1996-1997) foi da ordem de 36%, contra 30,4% das 206 empresas abertas consideradas no estudo[51]. Resultados análogos foram obtidos para uma outra amostra, relativa ao exercício de 1996.[52]

Esse diferencial favorável às empresas abertas aparece em quase todas as classes de tamanho consideradas nos dois exercícios analisados. Organizando a amostra de 1996 em quartis, verifica-se que o indicador de custo do passivo oneroso de empresas abertas oscilou entre 39% e 60% do observado para as empresas fechadas.

TABELA 5
CUSTO DE CAPITAL DE TERCEIROS*
(*Despesas financeiras / passivo oneroso*)

Capital	Tamanho por ativo			
	1º quartil	2º quartil	3º quartil	4º quartil
Fechado	100,00%	62,21%	78,11%	28,29%
	(109)	(93)	(54)	(52)
Aberto	38,56%	39,48%	31,32%	17,07%
	(28)	(47)	(92)	(98)

*O valor em parênteses representa o número de casos da amostra na categoria.
ROCCA, C. A., CARVALHO, A. G., Silva, M. E. (1998). *Sistema financeiro e crescimento econômico*. Trabalho realizado para a Bovespa.

Para 1997 foram consideradas oito classes de tamanho. Em seis dessas classes constata-se que o indicador de custo das empresas abertas é inferior ao das fechadas, num intervalo que vai de 79% a 98% do observado para as empresas fechadas.

TABELA 6
TAMANHO POR ATIVO

Capital	MUITO PEQUENO	2	3	4	5	6	7	MUITO GRANDE
Fechado	42,20%	37,08%	35,70%	34,79%	28,69%	18,58%	27,12%	25,03%
	37	43	44	48	54	38	38	40
Aberto	33,46%	36,49%	30,38%	27,15%	23,80%	33,26%	27,24%	21,31%
	6	12	18	15	23	39	34	59

FONTE: ROCCA, C. A., CARVALHO, A. G. (1999). *Mercado de capitais e o financiamento das empresas abertas*. Trabalho realizado para a Abrasca.

4) *O número de empresas abertas apresenta-se em queda desde 1980:*

Os dados relativos à evolução do número de empresas abertas revelam uma tendência de queda acentuada nos últimos anos. Segundo os dados do cadastro da CVM, de 1.075 empresas abertas que existiam em média no período 1980-1984, o número caiu para 850 no período 1990-1995.

Os dados brutos da CVM indicam uma aparente recuperação no período de 1995 a 1998 para 1.047 empresas. Entretanto, uma análise mais detalhada[51] permite verificar que nesse período o saldo de empresas abertas do setor produtivo se reduziu em 34 empresas. Nessa análise foram desconsideradas as empresas registradas sem emissões ou com emissões irrelevantes (abaixo de R$ 1 milhão), as empresas de *leasing* e de securitização e aquelas registradas com o objetivo exclusivo de participação no processo de privatização.[51]

FIGURA 9
COMPANHIAS LISTADAS — BOVESPA

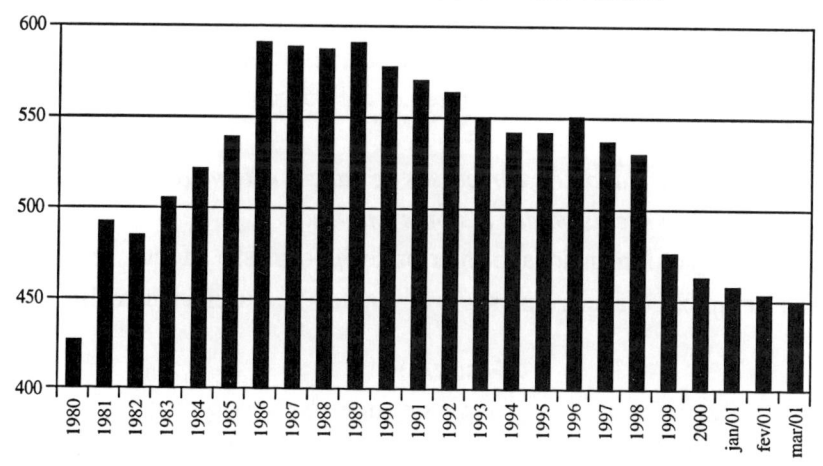

FONTE: Bovespa.
ELABORAÇÃO: Care Consultores.

Os dados relativos ao número de empresas listadas na Bovespa apresentam um padrão histórico diferenciado, confirmando, entretanto, a tendência negativa atual. Depois de apresentar crescimento ao longo da década de 1980, o número de empresas listadas se mantém em queda até os dias atuais.

Somente um pequeno número das maiores e melhores empresas tem acesso a condições razoáveis de financiamento

Paralelamente à constatação de que o mercado de capitais não é utilizado pela grande maioria das empresas, verifica-se que somente um número limitado de empresas abertas de maior tamanho tem tido acesso a condições mais favoráveis de financiamento.

Dependendo das condições do mercado doméstico e internacional, essas empresas acessam o mercado internacional de capitais, captam recursos junto ao BNDES ou ainda fazem emissões primárias no mercado doméstico de capitais.

Não existem dados consolidados de uma única fonte que permitam demonstrar plenamente a proposição acima. Entretanto, várias indicações disponíveis apontam nesse mesmo sentido, como se verá a seguir.

1) *O acesso a fontes de recursos de bancos e do mercado de capitais é quase exclusivo das maiores empresas*:

Como já foi mencionado anteriormente, o acesso a fontes externas à empresa (bancos e mercado de capitais) é extremamente dife-

FIGURA 10

CONCENTRAÇÃO DE RECURSOS EXTERNOS
DE FINANCIAMENTO ENTRE EMPRESAS
(*Porcentagem de recursos externos totais para quintis de tamanho das empresas*)

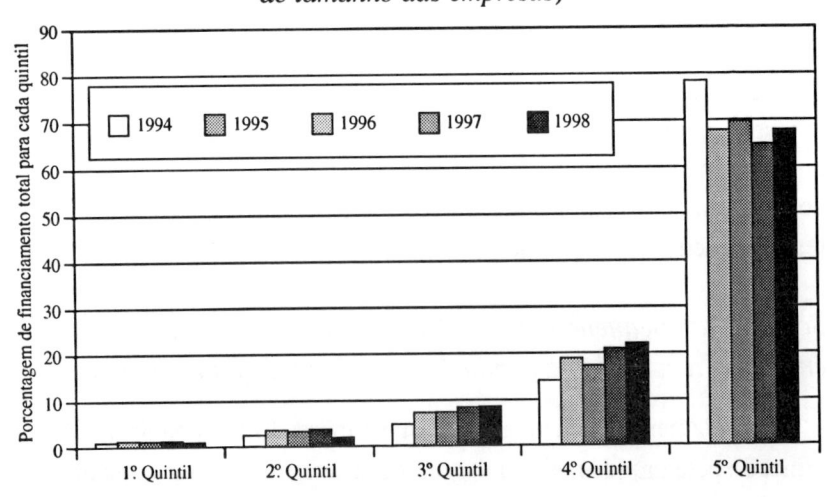

FONTE: 156 a 170 empresas listadas em Bolsa; baseado em dados do *Worldscope* agrupados por tamanho em cinco quintis.

ELABORAÇÃO: Stijn. Corporate, 2000. *Governance Reform Issues in the Brazilian Equity Markets*. Mimeo.

renciado. Mesmo quando se examina a questão numa amostra de empresas abertas, cujo acesso a recursos é relativamente melhor, verifica-se enorme disparidade, concentrando-se esse acesso nas empresas de maior tamanho.

Apenas as maiores empresas do setor formal têm acesso a recursos de bancos ou do mercado de capitais; a figura 10 reflete a proporção do total de financiamento externo às empresas (operações bancárias e do mercado de capitais) entre 1994 e 1998, numa amostra de 156 a 170 empresas abertas, estratificadas em cinco classes de tamanho (quintís).

Mesmo nesse subconjunto de empresas, que por serem abertas e relativamente maiores têm melhor acesso a recursos, verifica-se que somente no último quintil, constituído dos 20% de empresas maiores, esses recursos representam cerca de 70% dos recursos totais. Nas três primeiras classes de tamanho a proporção de recursos captados de fontes externas é inferior a 10% dos recursos totais e no penúltimo quintil atinge cerca de 20%. Trata-se portanto de níveis de alavancagem especialmente baixos, em que as empresas se financiam basicamente a partir de lucros retidos.

2) *A concentração do mercado é elevada*:

Volume de transações: numa comparação internacional com 41 países no período 1996-1998 (fonte: FIBV), a Bovespa ocupa a sexta posição dentre as mais concentradas da amostra. O volume de transação dos 5% correspondentes às maiores empresas representa 75,7% do valor transacionado total.

Indicações semelhantes são obtidas a partir da capitalização de mercado. O mesmo segmento de empresas representava 64,2% do total em 1999.

3) *No mercado primário verifica-se um acentuado crescimento do valor médio das emissões*:
Existem indicações de que o mercado tem migrado continuamente para as empresas e emissões de maior porte.

No mercado primário de ações, o valor médio das emissões primárias tem crescido consideravelmente: entre 1994 e 1999, simultaneamente à queda do número de operações de 46 para 10, o valor médio por emissão se elevou de R$ 49,1 milhões para cerca de R$ 160 milhões no triênio 1997-1999; tendência análoga é observada nas emissões primárias de debêntures.

4) *ADRs: vantagens para as empresas e migração de liquidez para bolsas internacionais*:
Entre 1994 e 1998, o número de empresas que executou programas de ADR é maior que o de emissões primárias no mercado doméstico. Entre 1994 e 1998 foram implementados 57 programas, número superior ao de emissões primárias no mercado doméstico no mesmo período (apenas 41, computando 24 em bolsas e 17 no mercado de balcão).[51]

A experiência dos programas de ADR contém lições extremamente relevantes:

a) além da colocação de seus papéis à disposição de investidores em outros mercados, a conformidade dessas empresas com regras de governança e *disclosure* mais exigentes tem produzido impacto significativo sobre a atratividade de suas ações no mercado, gerando a valorização (redução de custos de capital próprio) e o aumento de liquidez das mesmas;

b) existem evidências consideráveis no sentido de que as companhias que adotaram programas de DR têm se beneficiado em termos de liquidez e custo de capital próprio (P/L).

Recente trabalho de pesquisa[53] analisou o desempenho de ações de 31 empresas brasileiras que implementaram 38 programas de ADR. Foram montadas carteiras e analisadas a rentabilidade, a liquidez e o volume de negócios para 250 dias úteis antes da emissão e 250 dias úteis após. As mesmas características foram pesquisadas para as ações individuais. Os resultados indicam evidência de redução dos custos de capital próprio, aumento de liquidez, redução de volatilidade e maior volume de negócios.

A experiência observada com os programas de ADR pode conter elementos importantes para a formulação de expectativas quanto aos resultados potenciais de iniciativas recentes da Bovespa relacionadas com a criação do Novo Mercado.

Dentre outras observações, a experiência com os programas de ADR mostra que mesmo envolvendo custos mais elevados que os de emissões primárias e a necessidade de adaptação a regras que exigem maior transparência e até novos padrões de governança corporativa, muitas empresas se dispuseram a implementar esses programas. Uma hipótese que parece ser a mais provável é a de que essas empresas se convenceram de que esse era um meio eficaz para auferirem benefícios concretos e substanciais em termos de maior liquidez e redução de custos de capital.

Se essa for a hipótese correta, são bastante positivas as perspectivas de desenvolvimento do Novo Mercado (além dos Níveis I e II), na medida em que as empresas que aderirem venham auferir os referidos benefícios.

Paralelamente a esses efeitos positivos para as empresas, a difusão dos programas de DR tem sido acompanhada de acentuada migração da liquidez desses papéis para bolsas internacionais, movimento esse para o qual a CPMF é certamente fator fundamental. Na figura adiante, verifica-se a intensidade da transferência de volume transacionado nos últimos anos.

FIGURA 11
VOLUME DE TRANSAÇÕES - ADR (%)
(Bovespa x EUA)

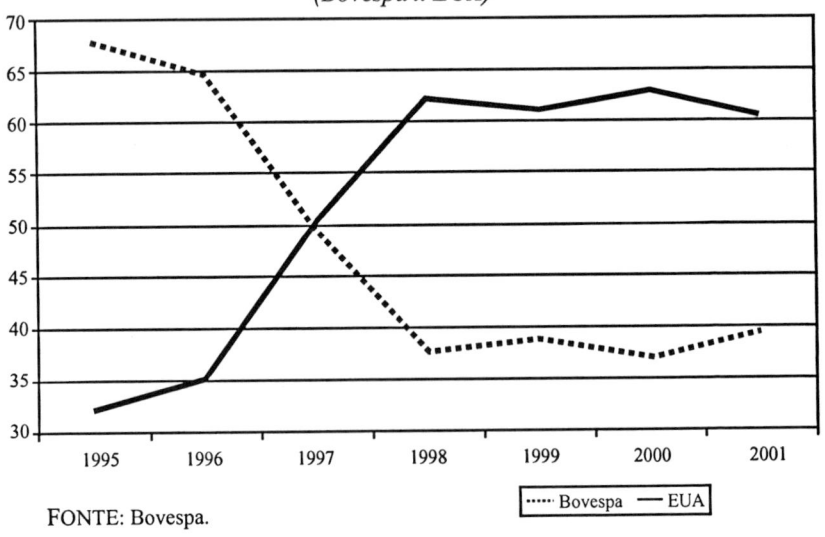

FONTE: Bovespa.

A concentração de propriedade e de voto é elevada

1) *A concentração de propriedade é elevada*:
Numa amostra de 225 empresas privadas abertas (dados da CVM), verifica-se que a estrutura de propriedade direta no Brasil tem uma proporção significativa de propriedade por empresas não-financeiras: 53% dos direitos de voto e 35% dos direitos de propriedade (sobre dividendos).

Entretanto, muitas dessas empresas não-financeiras são proprietárias intermediárias — mais da metade (51%) de todas as firmas no Brasil é controlada por pessoas físicas, seguidas de estrangeiros (14,7%) e instituições financeiras e investidores institucionais domésticos (bancos, fundos de pensão e seguradoras). Essa concentração de propriedade é ajudada pelo largo uso de ações preferenciais, sem direito a voto (até 2/3); somente 11% das companhias não emitiram ações preferenciais; 27% atingiram o limite de 2/3, e a média de ações preferenciais é de 46%; para as maiores companhias a percentagem de ações preferenciais é ainda maior.[30]

2) *Controle de voto é concentrado*:

Os dados do cadastro da CVM relativos à porcentagem de ações ordinárias de posse de acionistas que participam do grupo controlador (inclusive mediante acordo de acionistas) e detêm mais de 5% dessas ações revelam um grau de concentração de voto ainda maior que o de propriedade:

TABELA 7
PORCENTAGEM DE AÇÕES ORDINÁRIAS COM ACIONISTAS
QUE DETÊM MAIS DE 5% DAS AÇÕES

	Freqüência	Porcentagem	Porcentagem cumulativa
de 90% a 100%	327	45,2	45,2
de 80% a 90%	109	15,1	60,3
de 70% a 80%	78	10,8	71,1
de 60% a 70%	71	9,8	80,9
de 50% a 60%	115	15,9	96,8
até 50%	23	3,2	100,0
Total	723	100,0	
Sem informação	10		

FONTE: ROCCA, C. A. e CARVALHO, A. G. (1999).

Podem-se fazer as seguintes observações:

— Embora legalmente o grupo controlador possa dispor de menos de metade das ações com direito a voto, essa ocorrência é extremamente rara no Brasil; apenas 23 companhias (3,2% total) se encontram nessa situação.

— Em 80,9% das companhias (585 num total de 723), o grupo controlador detém mais de 60% das ações ordinárias, sendo que em 60,3% dos casos esse percentual é superior a 80%.

O número de companhias com controle pulverizado é insignificante. Tome-se por exemplo a distribuição de freqüência das empresas em função do percentual de ações ordinárias de propriedade de acionistas, com menos de 5% de ações votantes. Do total de companhias com informações (723), em apenas 14 delas (ou 1,9%) o total de ações possuídas por acionistas com menos de 5% de ações votantes é superior a 50%.

A concentração do controle acionário é elevada no Brasil, assemelhando-se mais ao que é observado na Europa (especialmente Alemanha) do que nos EUA. Os dados abaixo permitem uma comparação significativa:

TABELA 8

CONCENTRAÇÃO DA PROPRIEDADE NA ALEMANHA, JAPÃO E ESTADOS UNIDOS — PORCENTAGEM (X) DO CAPITAL VOTANTE CONTROLADO PELO MAIOR ACIONISTA

	EUA (1994)	Alemanha (1994)	Japão (1995)
0 a 10%	66,0	3,2	61,1
10 a 25%	17,4	6,9	21,3
25 a 50%	13,0	16,7	12,9
50 a 75%	2,1	31,9	4,7
75 a 100%	1,5	41,3	-

FONTE: Dietl, Helmut M. *Capital Markets and Corporate Governance in Japan, Germany and the United States*, p. 124, 21/12/1998.

Notas
(1) A informação para a Alemanha baseia-se nas 550 maiores companhias abertas e fechadas.
(2) A informação para o Japão baseia-se em todos os 1.321 kabushiki-kaisha japoneses listados nas bolsas de valores de Tóquio, Osaka e Nagoya.
(3) A informação para os EUA baseia-se em todas as corporações americanas listadas na S&P500, S&PmidCap400 e S&P SmallCap600.

Revista Abrapp, ano XVII, n. 245, julho de 1998, p. 15.

Nos EUA, em apenas 3,6% das empresas, existe um acionista que detém mais de 50% das ações com direito a voto; ou seja, em 96,47% das empresas não existe um acionista individual controlador Pelo contrário, na Alemanha, em 73,2% das empresas, existe um acionista que detém mais de 50% das ações com direito a voto; assim, em apenas 26,8% das empresas não existe controlador individual.

No Brasil, o quadro é diferente quando se trata de ações sem direito a voto. Verifica-se que em apenas 1/3 das companhias (34,8%) acionistas controladores que detêm mais de 5% das ações ordinárias possuem mais de 50% das ações preferenciais.

Títulos de dívida privada: mercado pequeno

1) *Mercado secundário pequeno: estoque de apenas 2,7% do PIB em 2000*:

O mercado secundário de papéis de renda fixa emitidos por empresas não-financeiras tem pequena escala, quando comparado com padrões internacionais.

Dados da Cetip, relativos ao estoque de debêntures, notas promissórias e *export notes* de emissão pública mostram que seu valor atingiu R$ 27,2 bilhões em março de 2000, representando 2,6% do PIB, o que se compara com cerca de 60% do PIB de títulos de dívida privados nos EUA. O estoque de debêntures se mantém relativamente estável desde meados de 1998 até o início de 2000 (no intervalo de 25 a 30 bilhões).

2) *Novas emissões são relativamente pequenas*:

Mercado primário: o volume total de emissões de debêntures observadas nos últimos anos (US$ 6,4 bilhões ou 4,2% do PIB, média entre 1993 e 1999) não apresenta tendência de crescimento, embora esteja consideravelmente acima da média observada no período de 1980 a 1993, de apenas US$ 1,1 bilhão.

3) *Securitização de recebíveis e hipotecas: apenas no início*:
A legislação do Sistema Financeiro Imobiliário (Lei 9.514, de 20/11/1997) determina que a securitização é o mecanismo básico de captação de recursos para financiamento habitacional. Por sua vez, os maiores bancos privados associados a bancos oficiais criaram a Cibrasec, empresa destinada à securitização de hipotecas. Entretanto, taxas de juros elevadas e a ausência de um mercado secundário organizado têm limitado essas operações a um valor pequeno.

Até o início de 2001, o valor dessas operações de securitização atingiu apenas R$ 244 milhões. Deve-se notar que o tamanho do mercado desses papéis (*asset backed securities*) corresponde a cerca de 17% do PIB nos EUA e tem apresentado crescimento explosivo na União Européia, com destaque para a Alemanha.

A institucionalização da poupança apresenta um crescimento acelerado

O segmento de investidores institucionais — fundos de pensão, fundos mútuos de investimento e seguradoras — tem crescido acentuadamente. Os ativos consolidados de fundos de pensão e fundos de investimento, cujos dados encontram-se disponíveis, atingiram cerca de 33% do PIB no início de 2001, contra menos de 20% no início de 1996.

A carteira de ativos financeiros dos investidores institucionais concentra recursos em títulos públicos (58% em 2000). Os valores aplicados em títulos de dívida do setor privado representam apenas 7,5%, estes majoritariamente representados por CDBs.

Diagnóstico: obstáculos ao desenvolvimento do mercado de capitais

Efetuada uma visão panorâmica do mercado de capitais brasileiro, busca-se nesta parte delinear um diagnóstico para esse mercado, mediante a identificação dos principais obstáculos ao seu desenvolvimento. Trata-se de um esforço para localizar os fatores causais que têm inibido o avanço e comprometido a funcionalidade do mercado de capitais.

O custo de capital próprio das empresas abertas é elevado

Dentre os fatores que têm inibido o desenvolvimento do mercado de capitais, o custo de capital próprio das empresas abertas certamente tem a maior importância. Custos elevados de capital desestimulam novas emissões e a própria abertura de capital das empresas.

Ricardo P. C. Leal (2000)[31] gerou algumas estimativas, usando o Modelo de Precificação de Ativos de Capital (CAPM), com base em prêmio de risco das ações da ordem de 8% aa nos últimos 20 ou 30 anos e taxa livre de risco nominal de 19% aa. Para empresas com *beta* igual a 1, a estimativa de custo de capital próprio para uma inflação esperada da ordem de 5% é de 32%. Como foi visto anteriormente, o custo dessa ordem é muito superior à taxa de retorno dos ativos da grande maioria das empresas.

Embora vários outros fatores devam ser considerados, a taxa básica de juros é o principal componente desse custo. Nos últimos anos, a manutenção de taxas básicas extremamente elevadas tem sido o principal fator responsável pelo formidável processo de *crowding out* do setor privado. O Governo eleva os juros até o ponto em que fica inviável aos tomadores privados disputar os recursos de poupança, que são então destinados majoritariamente à aquisição de títulos públicos.

Em síntese, não será exagerado afirmar que a superação de todos os demais fatores de inibição do mercado de capitais adiante assinalados teria seus efeitos positivos consideravelmente comprometidos à medida que a taxa básica de juros se distanciasse dos padrões internacionais.

1) *Vários fatores elevam o custo de capital no Brasil*:
O custo de capital próprio em emissões primárias pode ser decomposto em quatro componentes: taxa básica de juros; prêmio de risco das ações; deságio entre o preço de emissão e o preço de mercado da ação (*underpricing*); custos de *underwriting*.

a) A taxa básica de juros é representada pela taxa de colocação de títulos públicos (Selic). Embora com elevada volatilidade, essa taxa tem se mantido em níveis elevados.
Desde a adoção do Plano Real até o início de 2001, a taxa real média (IPCA) foi da ordem de 21% aa, tendo flutuado entre 10% e 28% aa, quando considerados períodos móveis de 12 meses desde julho de 1994. Nesse mesmo período, as taxas reais médias nos EUA se situaram em torno de 3,5%.

b) Prêmio de risco das ações: para qualquer empresa tomada individualmente, esse componente tem duas parcelas:
- o prêmio de risco atribuído em média às ações: um de seus componentes, relacionado com a insuficiente proteção de acionistas minoritários, será melhor analisado adiante;
- a segunda parcela está associada aos fatores de risco próprios de cada empresa, não diversificáveis, quantificados pelo *beta* de cada ação, parâmetro esse que mede a relação entre os retornos da ação e aqueles do mercado (do Ibovespa, por exemplo);

No trabalho citado de Ricardo P. C. Leal (2000), o prêmio de risco das ações foi estimado em 8% aa, valor que se compara com os 5% aa estimados para o mercado norte-americano. Considerando a hipótese de que a taxa Selic seja de 19% aa, apresentam-se adiante as estimativas feitas para alguns valores de *beta* e da taxa de inflação anual esperada:

TABELA 9
CUSTO DE CAPITAL PRÓPRIO (%AA)
(*Expectativa de inflação*)

Beta	3%	5%	8%
0,5	25%	26%	27%
1,0	30%	32%	35%
1,5	36%	39%	43%

c) *Underpricing:* O terceiro componente é dado pelo diferencial entre o preço de mercado da ação e o preço de emissão (*underpricing*). Vários trabalhos mostram que os retornos iniciais das emissões públicas de ações para a abertura de capital no Brasil são muito elevados: a mediana da diferença percentual entre o preço de emissão e a cotação de fechamento no primeiro dia de pregão atinge mais de 35% em um dia.[31] Comparação internacional numa amostra de 30 países, tomando por base o período de 1979 a 1990, estima que a taxa de *underpricing* no Brasil foi a terceira maior entre todos os países considerados; a taxa de retorno para os investidores numa oferta inicial de ações (IPO) atinge 78%, o que significa um desconto de 44% (1-1/78).

d) Custos de *underwriting*: segundo informações do mercado, os custos de *underwriting* (comissão de coordenação, distribuição, garantia firme) variam entre 3% e 4% para empresas de maior prestigio até 10% para empresas que estejam abrindo o capital (IPOs);

2) *Custos de manutenção das empresas abertas são relativamente elevados*:
Em recente pesquisa realizada com base em amostra de 43 empresas abertas,[51] verificou-se o seguinte quanto às principais desvantagens das empresas abertas:

TABELA 10
DESVANTAGENS DAS EMPRESAS ABERTAS

	% Prim.	% Sexto
Custo de manutenção	62,80%	88,40%
Preço de ações inferior ao valor da companhia	11,60%	60,50%
Custo de *underwriting*	7,00%	49,00%
Elevado *underpricing* na colocação de ações	7,00%	46,60%
Planejamento tributário	7,00%	28,00%
Informação estratégica a concorrentes	4,70%	48,90%
Concorrentes são empresas fechadas	4,70%	32,70%
Alto custo de títulos de dívida	2,30%	32,50%
Dividendos 10% para preferenciais	2,30%	18,60%

ROCCA, C. A., CARVALHO, A. G. (1999). *Mercado de capitais e o financiamento das empresas abertas*. Trabalho realizado para a Abrasca.

Observações:

a) 62,8% das empresas mencionaram os custos de manutenção de empresas abertas como sendo a principal desvantagem da abertura de capital (auditoria, publicações, relatórios etc.), sendo que 88,4% incluíram esses custos entre as seis desvantagens mais importantes.

b) Fatores relacionados ao custo do capital próprio (subvalorização das empresas) aparecem em segundo lugar, com

11,6% indicando-os como a principal desvantagem (60,5% incluíram esses fatores entre as seis desvantagens mais importantes); seguem-se os custos de *underwriting* e elevado *underpricing* na colocação de ações.

c) Aspectos ligados à perda de confidencialidade de informações (liberação de informações estratégicas para empresas concorrentes fechadas) e ao fato de ter empresas fechadas como concorrentes foram também mencionados.

Segundo dados coletados pela Abrasca, os custos de manutenção são relativamente elevados, especialmente considerando que a grande maioria das empresas não extrai os benefícios esperados em termos de liquidez e captação de recursos a baixo custo. Em dólares de 1998, as despesas totais médias eram de US$ 435,5 mil (mínimo de US$ 21,1 mil e máximo de US$ 2.270,9 mil); a maior parcela se deve a publicações, em média US$ 143 mil (mínimo de US$ 5,4 mil e máximo de US$ 733 mil), despesas essas magnificadas pela obrigatoriedade de publicação de demonstrações financeiras no *Diário Oficial* a preços extremamente elevados.

3) *No período de 1988 a 1995, a tributação discriminava contra o capital próprio; a partir de 1996, juros sobre o capital próprio minimizam a distorção*:

A carga tributária do Imposto de Renda sobre lucros e juros deve ter sido um dos fatores de desestímulo à emissão primária de ações, pelo menos no período de 1988 a 1995. Nesse período, a tributação do Imposto de Renda implicava carga tributária mais elevada sobre a remuneração do capital próprio (dividendos) comparativamente àquela existente sobre os juros. Essa discriminação somente foi reduzida ou eliminada com a criação da figura de juros sobre o capital próprio a partir de 1996,[52] com a Lei 9.295/95, quando as empresas foram autorizadas a pagar remuneração de capital próprio na forma de juros, dentro de certos limites, dedutíveis da base de cálculo do IRPJ; a taxa de juros utilizada é limitada à TJLP.

Resultados obtidos com base em modelo de simulação desenvolvido em parceria com o Prof. Eliseu Martins, da FEA — USP e da Fipecafi,[52] mostram que com o uso dessa figura, a carga tributária sobre juros ou lucros passa a depender dos parâmetros de cada empresa, sendo que em muitos casos a discriminação é reduzida ou eventualmente eliminada.

Recente trabalho de pesquisa (Zani, João e Nees Jr., 2000) tomou por base uma amostra de 196 empresas não-financeiras das mais representativas da Bovespa, para os anos base de 1996 e 1997. A conclusão é que a utilização dos juros sobre o capital próprio agrega valor às empresas. Em 1997, a utilização dos juros sobre capital próprio permitiu reduzir significativamente a alíquota efetiva do IRPJ: nas empresas que não usaram o mecanismo a alíquota média se situava em 20,52%, enquanto que naquelas que o utilizaram a alíquota foi de apenas 12,5%.

4) *Evidência internacional: a baixa proteção a investidores inibe o mercado e eleva os custos de capital das empresas*:
— O desenvolvimento do mercado de capitais mostra-se correlacionado com a proteção ao investidor.

Vários trabalhos mostram que a proteção a investidores e a garantia de aplicação da lei são fundamentais para o desenvolvimento do mercado de capitais.

A proteção a acionistas minoritários pode ser decomposta em três elementos:

a) um conjunto de regras e leis (governança corporativa);
b) transparência (*disclosure*): disponibilização de um fluxo contínuo de informações relevantes que permitam aos mino-

ritários e credores avaliar se seus direitos estão sendo observados e verificar a qualidade de seus investimentos;
c) a aplicação da lei (*enforcement*): o potencial que os agentes têm para fazer com que seus direitos legais sejam de fato respeitados.

Nos mercados emergentes, governança corporativa tem a ver com a proteção ao direito de minoritários, diferentemente de seu foco tradicional com origem nos EUA, que enfatiza a questão do alinhamento de interesses entre administradores e acionistas. Nos países onde a propriedade é concentrada, o controlador comanda a administração.[26] Nesses casos, a questão fundamental é o alinhamento de interesses entre os minoritários e os controladores.

FIGURA 12
DESENVOLVIMENTO DO MERCADO DE CAPITAIS
E QUALIDADE DA PROTEÇÃO AO ACIONISTA

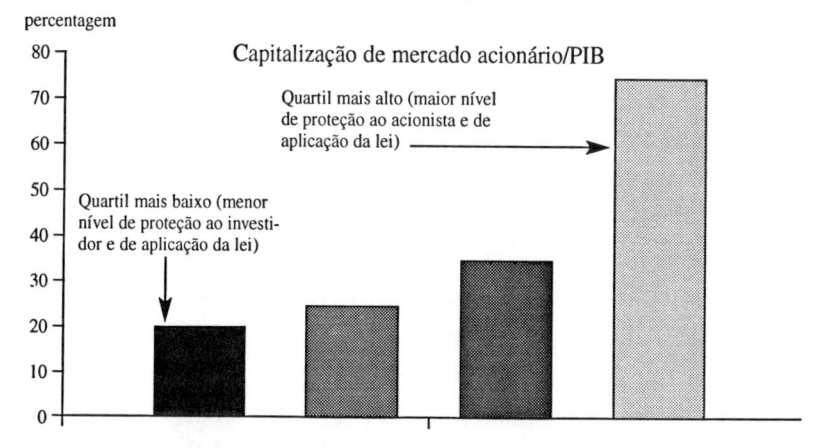

Capitalização de mercado acionário/PIB

Quartil mais alto (maior nível de proteção ao acionista e de aplicação da lei)

Quartil mais baixo (menor nível de proteção ao investidor e de aplicação da lei)

FONTE: La Porta et al., 1997.

NOTAS: Quartis de 40 países cada, organizados segundo a proteção ao acionista e aplicação da lei.

ELABORAÇÃO: Stijn. Corporate, 2000. *Governance Reform Issues in the Brazilian Equity Markets*. Mimeo.

Pesquisas recentes na área de lei e finanças (*law and finance*) estabeleceram três pontos importantes, com resultados empíricos largamente aceitos (Claessens, 2000):[10]

a) Existem evidências de que a configuração e a importância do mercado de capitais em vários países depende fundamentalmente da proteção dada aos investidores e da garantia de aplicação da lei, fatores que determinam que os prêmios de risco e os custos de capital sejam menores.

Análise feita com 160 países agrupados em quartis com base em índices de proteção aos acionistas e respeito às leis (La Porta e outros, 1997)[25] mostra que a capitalização de mercado sobre o PIB cresce monotonicamente de 20% até 80%, à medida que se tomam quartis com índices de proteção mais elevados:

Outros trabalhos (La Porta e outros, 1998, 1999)[23, 24] mostram que países que oferecem maior proteção aos acionistas minoritários apresentam maior número de empresas abertas e maior número de IPOs — oferta inicial de ações — (ajustados pelo tamanho da população); nesses países, mais empresas captam recursos no mercado acionário, verifica-se um menor grau de concentração de propriedade nas empresas abertas, além do que o valor de mercado das empresas em relação ao valor patrimonial é comparativamente maior.

b) A proteção para acionistas minoritários é mais fraca em países com uma tradição de lei civil (*civil law tradition*), comparativamente aos países onde predomina a lei comum (*common law*).[24]

c) Leis e outras importantes instituições que oferecem proteção aos investidores são persistentes e difíceis de mudar.[2, 22]

O desempenho comparativo de alguns países do Leste Europeu também é significativo. Gleaser, Johnson e Schleifer (2000)[18] comparam a Polônia e a República Checa nos anos 90: países com características semelhantes no início da década, incluindo sistemas judiciários pouco eficientes:

— na Polônia, a criação de uma Comissão de Valores Mobiliários independente e com fortes poderes está associada a um rápido desenvolvimento do mercado acionário;
— na República Checa, a permanência de poucas garantias a investidores é acompanhada de um mercado estagnado.

Alemanha e o Neuer Markt: *algumas condições semelhantes às brasileiras*

Trata-se de experiência extremamente significativa para o Brasil. A Alemanha, apresentava algumas condições semelhantes às observadas no Brasil em vários aspectos relacionados com o mercado de capitais:[22]

a) O índice de proteção a acionistas[24] na Alemanha antes das mudanças atingia 2, contra 5 nos EUA e no Reino Unido; o indicador construído pela Merril Lynch dá ao Brasil o índice 5, idêntico ao da Alemanha (ver adiante).
b) Na comparação de princípios contábeis, os padrões alemães são inferiores aos do US-GAAP e IAS (International Accounting Principles) e seu foco está na proteção a credores e não a acionistas.
c) Indicadores de desenvolvimento do mercado de ações muito inferiores aos de outros países desenvolvidos: por exemplo, para 1999, capitalização de mercado/PIB de 51% (contra 158% nos EUA, 171% no Reino Unido e 66% no Japão); em 1997, emissões primárias/formação bruta de capital fixo: 2,1%, contra 19,8% nos EUA, 11,2% no Reino Unido e 0,8% no Japão; número de empresas abertas em 1998 em relação à

população: na Alemanha, cerca de 111 mil habitantes por empresa, contra 32 mil nos EUA, 25 mil no Reino Unido e 52 mil no Japão.

Por outro lado, a Alemanha seria um excelente exemplo de país em que medidas para reforçar a proteção de acionistas teriam pouca chance de funcionar:

— é um país com tradição de lei civil e fraca proteção a acionistas minoritários;
— a prosperidade alemã tem sido baseada no sucesso das empresas privadas na captação de recursos com apoio dos bancos;[17, 56, 48]
— os bancos alemães e as empresas têm cooperado nos últimos 100 anos e as leis e os padrões de contabilidade têm favorecido tradicionalmente mais aos credores do que os acionistas;
— para a Alemanha, o argumento contra a necessidade de proteger acionistas minoritários é forte.

O sucesso do Neuer Markt na Alemanha mostra que mudanças na proteção a acionistas podem ter forte impacto positivo no mercado de ações

Johnson (2000) mostra que a criação na Alemanha do *Neuer Markt* — mercado acionário seletivo com fortes regras de governança corporativa, *disclosure* e *enforcement* — gerou um movimento acelerado de abertura de capital de empresas.

Verificou-se o seguinte:

a) O número total de IPOs na Alemanha cresceu dramaticamente desde que a reforma das regras de listagem começou:[17] num período de quase 50 anos (entre 1949 e 1996), 356 empresas abriram o capital, média de menos de oito por ano; entre 1997 e 1999, no *Neuer Markt*, 201 empresas abriram o capital entre 1997 e 1999, sendo 140 somente em 1999.

b) O efeito das novas regras foi muito maior no *Neuer Markt* que nos demais segmentos; no começo de fevereiro de 2000, mais de 200 empresas estavam listadas no *Neuer Markt* a mudança mais importante aparentemente foi a exigência de uso do US-GAAP ou IAS;

c) Até meados da década de 1990, era muito difícil atrair *venture capital* para empresas de tecnologia na Alemanha, a despeito da existência de subsídios governamentais; cerca da metade nas novas empresas listadas tinha um investidor de *venture capital* no momento em que abriu seu capital;[27] embora não seja uma prova, isso sugere que está se tornando mais fácil atrair *venture capital* na Alemanha.

Estudos internacionais mostram que uma maior concentração de propriedade de companhias favorece sua valorização

A estrutura de propriedade é importante porque influencia diretamente a eficiência do mercado de controle das empresas e sua valorização no mercado; cabem aqui duas observações:

— a concentração da propriedade de ações numa empresa mostra o grau de diversificação dos acionistas, que varia inversamente com a concentração.
— quando a concentração é elevada, e o acionista controlador tem grande influência na administração, isso minimiza um problema de agenciamento que pode existir sempre que os administradores não buscarem a maximização do valor para os acionistas; entretanto, pode estar sendo criado um outro

problema de agenciamento entre acionistas majoritários e minoritários.

Jensen & Meckling (1976)[26] concluíram que a concentração de propriedade é favorável para a valorização das companhias, porque os grandes acionistas são melhores para monitorar os administradores; além disso, uma maior participação do controlador reduz o risco de expropriação.[28]

Morck e outros (1988)[41] distinguem entre os efeitos negativos do controle e os efeitos de incentivo positivos da concentração, sugerindo que a ausência de separação entre propriedade e controle reduz os conflitos de interesse e, portanto, aumenta o valor para o acionista. Pesquisas recentes sugerem que uma maior concentração de propriedade (ou direito de fluxo de caixa) está associada a maior valorização das companhias.

Concentração de direito de voto acompanhada de descasamento com direito de propriedade (fluxo de caixa) tem efeitos negativos sobre o valor das companhias

Vários trabalhos sugerem que a concentração de direitos de controle e a separação entre direitos de voto e de fluxo de caixa (propriedade) aumentam o risco de expropriação e têm um efeito negativo sobre o valor das companhias.

Shleifer e Vishny (1997),[55] La Porta e outros (1998)[24] e Morck[41,42] e outros (1999) estudam os conflitos de interesse entre pequenos e grandes acionistas — quando grandes acionistas controlam uma empresa, suas políticas podem implicar a expropriação dos acionistas minoritários; essas companhias deixam de ser atrativas para acionistas minoritários e têm menor valorização.

Claessens e outros (1999)[9] separam os efeitos de controle de voto e propriedade de fluxo de caixa sobre a valorização de com-

Figura 13
VALOR DA FIRMA E A DIVERGÊNCIA ENTRE DIREITOS DE PROPRIEDADE E DE VOTO
(Amostra de 2.000 empresas do Leste asiático)

Valor da firma padronizado

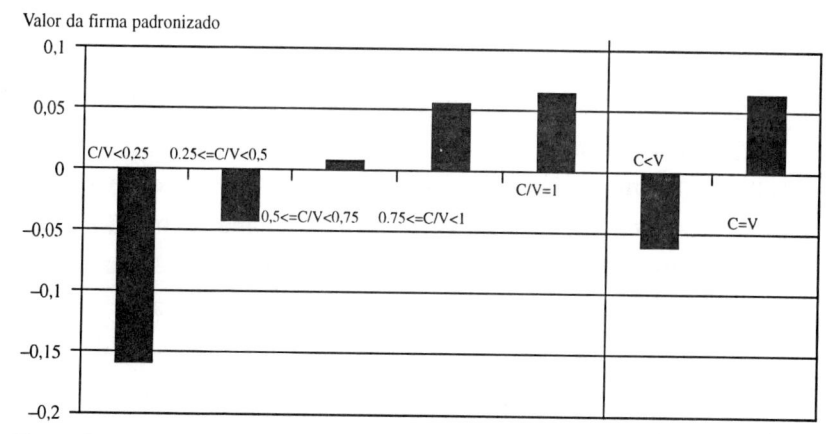

[Gráfico de barras com as seguintes categorias: C/V<0,25; 0,25<=C/V<0,5; 0,5<=C/V<0,75; 0,75<=C/V<1; C/V=1; C<V; C=V]

Nota: O gráfico apresenta o valor das firmas (padronizado) em relação ao quociente entre os direitos de propriedade (C) e os direitos de voto (V). Quando não há divergência, C=V, o valor da firma é o mais alto de todos; quando a divergência é a maior C/V<0,25, o valor da firma é o menor de todos.

Elaboração: Claessens, Stijn. Corporate, 2000. *Governance Reform Issues in the Brazilian Equity Markets*. Mimeo.

panhias em vários países asiáticos; consistentemente com os estudos anteriores, verifica que uma maior concentração de controle afeta negativamente o valor das companhias, enquanto que uma maior concentração de propriedade afeta positivamente.

Sua conclusão é que o risco de expropriação é o principal problema de agenciamento nas empresas do Sudeste Asiático. A figura acima resume os resultados de uma pesquisa feita com base em uma amostra de 2.000 empresas do Leste Asiático.

Quando a divergência entre direitos de propriedade e de voto é máxima (C/V < 0,25), o valor das companhias é mínimo, cerca de 16% abaixo da média. Na ausência de divergência, o valor é máximo, cerca de 7% acima da média. A comparação entre essas duas situações permite concluir que, em média, naqueles mercados, empresas situadas no extremo de divergência entre direito de propriedade e de voto valem cerca de 23% menos do que aquelas em que essa divergência é inexistente. Visto de outro ângulo, a eliminação da divergência entre voto e propriedade permitiria elevar o valor dessas companhias em cerca de 30% (23/77).

Como resultado da existência de ações preferenciais, que podem atingir até 2/3 do capital social, o Brasil é um caso extremo na América Latina e no mundo de divergência entre direito de voto e de propriedade. Cerca de 46% de todas as ações e uma proporção ainda muito maior das ações em mercado (*public float*) e praticamente a totalidade do volume de ações transacionadas são ações sem direito a voto. Entretanto, resultados de uma pesquisa desenvolvida para quantificar esses efeitos para empresas brasileiras não são conclusivos (Leal, Da Silva e Valadares, 2000).[30]

Brasil: baixo nível de proteção a acionistas minoritários e credores

Em termos do quadro formal de proteção a acionistas minoritários, algumas comparações internacionais colocam o Brasil numa posição intermediária (índice 3 num máximo de 5).[19] No entanto, esse índice leva em conta apenas aspectos relativos aos mecanismos de votação. Como no caso brasileiro a maior parte das ações não carrega direito de voto, tal índice superestima a proteção aos minoritários.

Outro indicador é aquele construído pela Merril Lynch, em que o Brasil tem índice 5, contra 12 dos EUA.

TABELA 11
RANKING GLOBAL DE DIREITOS DE ACIONISTAS MINORITÁRIOS

Mercados	Índice
1. EUA	12
2. Malásia	10
3. África do Sul	10
4. Argentina	9
5. Espanha	9
6. Taiwan	8
7. Hong Kong	8
8. Cingapura/Chile/México/Reino Unido	7
12. Japão	6
13. Alemanha/Brasil	5
Índice médio	7,9

FONTE: Merril Lynch, outubro de 2000.

Em comparação a parâmetros internacionais, a proteção a credores no Brasil é considerada insuficiente, com um valor de 1 num máximo de 4 (La Porta e outros, 1998). Esse índice baseia-se em quatro critérios: a) restrições a que a firma detenha ativos dados como garantia de empréstimos em caso de concordata; b) em caso de falência, as dívidas com ativos dados em garantia têm prioridade sobre os demais interesses (tributos, dívidas trabalhistas, etc.) c) existência de restrição para entrar em concordata (tal como permissão dos credores); d) quando um interventor indicado por um tribunal é responsável pela administração da firma em concordata.

TABELA 12
DIREITOS DOS CREDORES NO MUNDO

País	Cerceamento do direito da firma de reter ativos quando em concordata	Senioridade dos credores segurados em caso de falência	Restrições para entrar em concordata	Interventor em caso de concordata	Índice de direitos dos credores
Cingapura	1	1	1	1	4
Egito	1	1	1	1	4
Equador	1	1	1	1	4
Hong Kong	1	1	1	1	4
Índia	1	1	1	1	4
Indonésia	1	1	1	1	4
Israel	1	1	1	1	4
Malásia	1	1	1	1	4
Nigéria	1	1	1	1	4
Paquistão	1	1	1	1	4
Quênia	1	1	1	1	4
Reino Unido	1	1	1	1	4
Zimbábue	1	1	1	1	4
África do Sul	0	1	1	1	3
Alemanha	1	1	1	0	3
Áustria	1	1	1	0	3
Coréia do Sul	1	1	0	1	3
Dinamarca	1	1	1	0	3
Nova Zelândia	1	0	1	1	3
Sri Lanka	1	0	1	1	3
Tailândia	1	1	0	1	3
Bélgica	1	1	0	0	2
Chile	0	1	1	0	2
Espanha	1	1	0	0	2
Holanda	0	1	1	0	2
Itália	0	1	1	0	2
Japão	0	1	0	1	2
Noruega	0	1	1	0	2
Suécia	0	1	1	0	2
Taiwan	1	1	0	0	2

TABELA 12
DIREITOS DOS CREDORES NO MUNDO (Cont.)

País	Cerceamento do direito da firma de reter ativos quando em concordata	Senioridade dos credores segurados em caso de falência	Restrições para entrar em concordata	Interventor em caso de concordata	Índice de direitos dos credores
Turquia	0	1	1	0	2
Uruguai	0	1	0	1	2
Argentina	0	1	0	0	1
Austrália	0	1	0	0	1
Brasil	**0**	**0**	**1**	**0**	**1**
Canadá	0	1	0	0	1
Estados Unidos	0	1	0	0	1
Finlândia	0	1	0	0	1
Grécia	0	0	0	1	1
Irlanda	0	1	0	0	1
Portugal	0	1	0	0	1
Suíça	0	1	0	0	1
Colômbia	0	0	0	0	0
Filipinas	0	0	0	0	0
França	0	0	0	0	0
México	0	0	0	0	0
Peru	0	0	0	0	0

FONTE: La Porta, Lopes-de-Silanes e Shleifer (1998).
CARVALHO, A. G. (2000). "Ascensão e declínio do mercado de capitais no Brasil. A experiência dos anos 90". *Estudos para o desenvolvimento do mercado de capitais*. Bovespa, junho de 2000, p. 24-47.

1) O *disclosure* é considerado insuficiente:

A proteção a minoritários e credores depende fortemente da qualidade das informações disponíveis (*disclosure*).

A tabela a seguir contém o índice de qualidade dos padrões contábeis produzido pelo Center for International Financial Analysis & Research, que serve como medida de *disclosure*. Esse índice baseia-se na omissão ou inclusão nos demonstrativos financeiros e relatórios de 90 itens (o ano em que o índice se baseia é 1990).

O índice para o Brasil é baixo: atinge somente 54 pontos, ficando à frente apenas de nove países.

TABELA 13
PADRÕES CONTÁBEIS NO MUNDO*
(*Nota máxima: 90 pontos*)

País	Nota	País	Nota
Suécia	83	Alemanha	62
Reino Unido	78	Coréia	62
Cingapura	78	Dinamarca	62
Finlândia	77	Itália	62
Malásia	76	Bélgica	61
Austrália	75	México	60
Canadá	74	Nigéria	59
Noruega	74	Índia	57
Estados Unidos	71	Grécia	55
África do Sul	70	Áustria	54
Nova Zelândia	70	**Brasil**	**54**
França	69	Chile	52
Hong Kong	69	Turquia	51
Suíça	68	Colômbia	50
Filipinas	65	Argentina	45
Formosa	65	Venezuela	40
Japão	65	Peru	38
Espanha	64	Portugal	36
Holanda	64	Uruguai	31
Israel	64	Egito	24
Tailândia	64		

*Este índice foi criado examinando-se os demonstrativos financeiros e publicações das empresas em 1990. O número de pontos é determinado pela inclusão ou omissão de 90 itens.

FONTE PRIMÁRIA: International Accouting and Auditing Trends, Center for Internacional Financial Analysis & Research.
Extraído de La Porta, Lopes-de-Silanes e Shleifer (1998).

CARVALHO, A. G. (2000). "Ascensão e declínio do mercado de capitais no Brasil: a experiência dos anos 90". *Estudos para o desenvolvimento do mercado de capitais*, Bovespa, junho de 2000, p. 24-47.

2) O *enforcement* tem eficácia limitada: CVM e Poder Judiciário:
A experiência internacional e vários estudos demonstram que não basta a existência de um conjunto adequado de legislação. O devido cumprimento da lei (*enforcement*), garantindo sua correta aplicação e a execução dos contratos, é considerado um atributo essencial para a operação eficiente e o desenvolvimento dos mercados.

Por exemplo, verifica-se que na comparação entre vários países, a mera existência de leis contra *insider trading* não faz diferença nos custos de capital; entretanto, quando o *enforcement* é eficaz, verifica-se uma redução de cerca de 5% aa do custo de capital próprio (Bhattacharya e Darouk, 2000).

O Brasil não tem desempenho favorável quanto ao *enforcement* de leis e regulamentos.

- CVM
  a) A CVM não tem demonstrado capacidade de investigar com energia os casos problemáticos e impor o estrito cumprimento às leis e regulamentos.
  b) O descumprimento de normas para o fornecimento de informações à CVM é significativo.
  c) Existem indicações de que as empresas que abriram seu capital depois de 1989 têm melhor desempenho em termos de cumprimento de obrigações.

- Poder judiciário

Indicadores e avaliações fornecidos por entidades internacionais não são favoráveis.[10] Em uma avaliação da eficiência e integridade do sistema judiciário feita pela Business International Corporation, baseada em índices que assumem valores entre 0 e 10 e representam a média entre 1980 e 1983, o Brasil obtém 5,75. Ocupa o posto de nº 42 numa amostra de 49 países, nota superior apenas às obtidas por Portugal (5,5), Paquistão (5), Filipinas (4,75), Turquia (4),

Tailândia (3,25) e Indonésia (2,5). Estes índices sugerem que é limitada a possibilidade de indivíduos no Brasil recorrerem ao Judiciário ou ao Governo para fazer respeitar seus direitos.

- Índices de corrupção
Foi produzida uma avaliação da corrupção no Governo pelo International Country Risk Guide. Tal índice também assume valores entre 0 e 10, varia inversamente com a corrupção (nota 10 significa ausência de corrupção) e baseia-se nas médias entre 1982 e 1995. O Brasil obtém a nota 6,35 (posto de nº 27 num total de 49 países) contra uma mediana de 7,27.

3) *práticas de governança corporativa não atendem aos padrões recomendados*:
Existem indicações de que as práticas de governança corporativa são fracas: o impacto de fracos direitos das minorias reflete-se nas práticas de direção e conselhos, onde os minoritários têm muito pouca representação.

— Diretores realmente independentes do controlador são muito raros no Brasil, da mesma forma que comitês para tratar de assuntos específicos designados pelo Conselho de Administração (auditoria, investimentos etc.).
— Comitês financeiros e de investimentos são mais raros do que comitês de auditoria; a prática no Brasil é inferior à da Argentina e dos EUA.

Essas práticas se distanciam das recomendações de melhores práticas do IBGC (Instituto Brasileiro de Governança Corporativa), que estabelece a necessidade de um comitê de auditoria ao qual a auditoria externa deveria se reportar, ou pelo menos ao Conselho como um todo (e não apenas ao presidente do Conselho ou à própria Diretoria).

4) *Direitos insuficientes de minorias e credores têm fortes efeitos negativos: aumentam o custo de capital das empresas e deprimem seu valor de mercado*:

No Brasil e em muitos mercados emergentes,[10] verifica-se que a insuficiência de proteção, combinada com a concentração de controle e o descasamento entre propriedade e voto, produz perda do valor das companhias, elevação do custo de capital próprio e altos prêmios de controle.

A evidência empírica é significativa:

a) Pesquisa com base em amostra de 2.000 empresas do Leste Asiático[10] demonstra a ocorrência de diferenças na valorização média de companhias da ordem de 23 pontos percentuais atribuíveis à divergência entre direitos de voto e de propriedade (fluxo de caixa).

b) Com base em dados de 13 países, Nenova (1999)[43] verificou que o prêmio do direito de voto reflete basicamente benefícios privados, em vez do prêmio de controle — levando-se em conta tamanho, dividendos, liquidez e outras diferenças, os prêmios do direito de voto entre firmas em 13 países decrescem à medida que os níveis de qualidade de governança corporativa aumentam.[10, 43] Nesse mesmo trabalho, verifica-se que o prêmio médio do direito de voto no Brasil é de 23 pontos percentuais, o mais alto dentre 13 países.

c) Estima-se que, em média, o valor das companhias no Brasil se situa pelo menos 20% abaixo do que seria por conta da fragilidade dos direitos de propriedade; esses efeitos também aparecem quando se analisam companhias individualmente; empresas com propriedade individual (ou familiar) apresentam os maiores prêmios do direito de voto, seguidas por aquelas com propriedade distribuída, estatais e estrangeiras.[43]

d) Procianoy e Snider (1994)[46] verificaram que as políticas de dividendos no Brasil dependem das estruturas de propriedade — empresas com um único controlador pagam dividendos mais baixos

—, mesmo depois das mudanças de tributação de 1990 isentando os dividendos, enquanto que os ganhos de capital estavam sujeitos a tributação.

e) Pesquisa conduzida pela McKinsey, em cooperação com o Banco Mundial (citada em Claessens, Stijn[10]), junto a 90 investidores institucionais com ativos totais de US$ 1,65 trilhão — dos quais 70% investem ou já investiram na América Latina[10] — mostra que 80% dessas entidades dão importância à qualidade da governança, sendo que na América Latina as questões ligadas a direitos de acionistas, *disclosure* e funcionamento dos conselhos de administração são as maiores preocupações; 89,5% dos entrevistados afirmaram que no Brasil pagariam um prêmio médio de 22,9% sobre os preços vigentes das empresas, na hipótese de serem obedecidos critérios de padrão internacional de governança corporativa.

f) Trabalho conduzido por Wei e Hall (2001), com apoio da Pricewaterhouse Coopers, calculou para 35 países um índice de "opacidade" (*opacity index*), e estimou estatisticamente seu impacto sobre o fluxo de investimentos internacionais para esses países; numa escala entre 36 e 84 pontos no Índice de Opacidade para os 35 países examinados, o Brasil atingiu o índice 61, com 13 países apresentando índices superiores; estimou-se que se o Brasil atingisse o melhor índice, o acréscimo de investimentos externos poderia atingir cerca de US$ 30 a US$ 40 bilhões anuais.

Uma carga tributária potencial elevada discrimina a economia formal e empresas abertas

Existem razões para acreditar que um dos fatores subjacentes à tendência de redução do número de empresas abertas está associado à elevação da carga tributária potencial, aquela que seria suportada pelos contribuintes caso pagassem 100% dos impostos devidos.

A hipótese defendida é que segmentos da economia formal têm encontrado dificuldade crescente em manter sua competitividade à medida que aumenta a carga tributária potencial e a importância relativa da economia informal. As empresas abertas representam um desses segmentos e estariam sendo discriminadas especialmente a partir de meados da década de 1980. Desde essa época, verifica-se praticamente em todos os anos a edição de medidas com o aumento da carga tributária potencial, mediante a elevação de alíquotas e a criação de novos impostos e contribuições.

A carga tributária observada com base nos dados de contas nacionais elevou-se de um patamar em torno de 24,5% nos primeiros anos da década de 1990 para cerca de 32% atualmente.

Por outro lado, existem indicações claras de crescimento acentuado da economia informal:

a) Dados do Seade para o Estado de São Paulo mostram que entre 1985 e 1999, a proporção da PEA classificada nas categorias típicas da economia informal (trabalhadores sem carteira assinada, empregados domésticos, autônomos e "outros") elevou-se de 37,7% para 52,1%; esses dados evidentemente não consideram o "componente informal" nos casos em que, numa relação formal de trabalho, o salário de registro é inferior à remuneração efetivamente paga.

b) Trabalho recente[60] cruzando dados da Secretaria da Receita Federal e do IBGE estimou que, num conjunto representativo de atividades e setores, cerca de 40% do faturamento não foi oferecido à tributação; é citado um relatório divulgado pela SRF pelo qual estima-se que 41,8% da renda tributável não paga Imposto de Renda.

As implicações e evidências existentes quanto à carga potencial são significativas:

a) Se esses percentuais forem válidos também para pessoas físicas, a carga tributária observada (hoje de 32%) estaria incidindo apenas sobre 60% do PIB, o que elevaria a carga tributária potencial para cerca de 53%.

b) Existem indicações de que as empresas abertas, sujeitas a auditoria externa, padrões de contabilidade estabelecidos pela CVM e obrigadas à divulgação trimestral de resultados, suportam carga tributária superior à média, o que dificulta a competitividade e a rentabilidade especialmente nos segmentos que enfrentam a concorrência da economia informal.

c) Em amostra de 143 empresas abertas selecionada dentre as 500 maiores e melhores empresas do país, verificou-se que a mediana da carga tributária sobre o valor adicionado atinge 49,3%; em outros termos, metade das empresas abertas tem carga tributária sobre o valor adicionado superior a 49,3%.

TABELA 14
CARGA TRIBUTÁRIA SOBRE O VALOR ADICIONADO — RESUMO POR SETOR — EMPRESAS ABERTAS

Setor	Quantidade	Carga tributária	Valor adicionado	Participação (%)
Duráveis de consumo	20	7.095.402	9.786.838	72,5%
Não-duráveis	123	21.438.352	48.084.724	44,6%
Total	**143**	**28.533.754**	**57.871.562**	**49,3%**

FONTE: Prof. Ariovaldo dos Santos — FEA-USP
ROCCA, C. A., CARVALHO A. G., (1999), *Mercado de capitais e o financiamento das empresas abertas*. Fipe/Abrasca.

Essas indicações reforçam a hipótese de existência de uma relação entre o aumento da carga tributária potencial e a redução do número de empresas abertas, ao mesmo tempo em que é estimulado o crescimento da economia informal.

Do ponto de vista do financiamento do setor produtivo, as implicações são da maior gravidade:

d) Uma parcela grande e crescente do setor produtivo brasileiro não tem qualquer condição de acessar o mercado de capitais — a ausência de transparência, característica típica básica da economia informal, impede qualquer aproximação com esse mercado.

e) O acesso a crédito bancário de grande parcela da economia brasileira é também prejudicado; a avaliação e a monitoração do risco de crédito se transformam em um processo caro, artesanal e ineficiente, que se traduz em limites estreitos e prêmios de risco elevados — isto é, capital caro e escasso.

Informações obtidas junto a gestores de fundos de *private equity* dão conta de que cerca de 70% das empresas selecionadas para fins de investimento (tipicamente empresas fechadas com grande potencial) não ultrapassam a fase de *due diligence*, dada a ausência de consistência entre registros contábeis e faturamento efetivo e contingências tributárias. [52]

f) Em muitos desses casos, a migração para o formal comprometeria os resultados, o que sugere que em muitos segmentos a redução da carga tributária é transferida para os preços de venda.

A ação eficaz para reverter as tendências apontadas corresponde à execução de uma reforma tributária com forte redução de alíquotas e aumento da base de tributação.

Para os investidores: riscos elevados, baixa atratividade

As observações anteriores demonstram as insuficiências do mercado brasileiro quanto à governança corporativa, transparência e aplicação da lei que agregam riscos para acionistas minoritários e credores.

A essas limitações devem-se adicionar questões relativas a custos de transação, volatilidade, liquidez, organização dos mercados e padronização.

1) *Custos de transação elevados CPMF*:
Estimativas do custo de transação na Bovespa mostram que os custos referentes a emolumentos e comissões, dependendo da hipótese, podem estar entre +28,93% ou –20,66% dos custos da mesma operação na Nyse; com a incidência da CPMF à alíquota de 0,38%, os custos de transação seriam respectivamente 405,81% e 356,22% superiores aos da Nyse.[44]

O impacto da CPMF na transferência das transações para bolsas internacionais é dramático: os custos com emolumentos e comissões são estimados entre 8 BP e 13 BP (pontos básicos — *basic points*), as taxas de administração podem ser muito baixas, chegando a 15 BP a 30 BP ao ano, contra 38 pontos básicos da CPMF, por transação.

No mercado de renda fixa, as observações são semelhantes. No mercado de euro *bonds* brasileiros, o custo por transação é da ordem de 0,10%.

2) *A volatilidade macroeconômica aumenta o risco, as taxas de juros são elevadas e as taxas de retorno atraem poucos investidores*:
A instabilidade macroeconômica causada por fatores domésticos, combinada com a vulnerabilidade relativamente elevada da economia brasileira em função de turbulências do mercado internacional, tem gerado elevados níveis de volatilidade e de risco de mercado nos investimentos em ações.

A comparação da volatilidade do Ibovespa com outros índices internacionais serve para ilustrar esse ponto. No período 1992-1997, o desvio-padrão anualizado dos retornos do Ibovespa é de quase 40%,

Figura 14
DESVIO-PADRÃO ANUALIZADO DOS RETORNOS DOS ÍNDICES DE AÇÕES
(*1992-1997*)

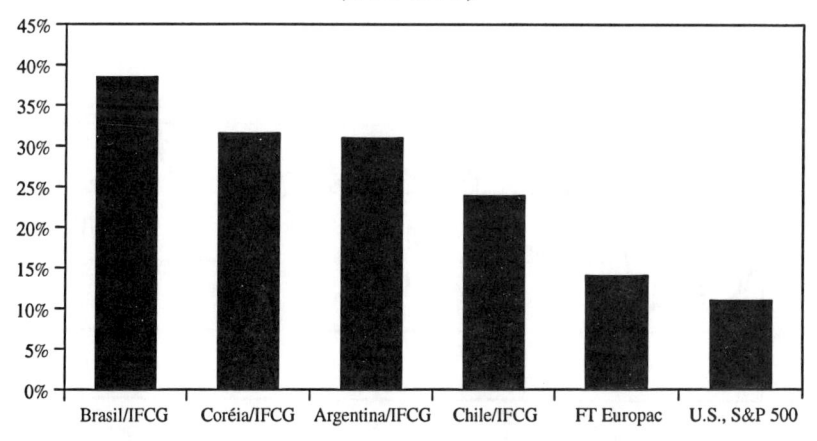

FONTE: IFC.
ELABORAÇÃO: Care Consultores.

contra pouco mais de 10% do S&P500 e cerca de 14% do FT Europac (índice IFC-G). Na figura acima essas diferenças podem ser visualizadas.

Por outro lado, a combinação de elevadas taxas de juros e alta volatilidade compromete a atratividade do investimento em ações para muitos segmentos de investidores, reduzindo a participação desses papéis na sua carteira de investimentos.

Dadas as intensas flutuações e os choques de natureza macroeconômica observados no Brasil das últimas décadas, os resultados de comparação entre retorno de ações e de renda fixa dependem dramaticamente do período de análise e sua extensão.

Por exemplo, tomando-se 255 períodos móveis de 60 meses entre janeiro de 1980 e março de 2001, a comparação das taxas de retorno anualizadas em dólares do Ibovespa e do Selic mostra o seguinte:

FIGURA 15
IBOVESPA X SELIC
(Rendimento acumulado em 5 anos em dólar)

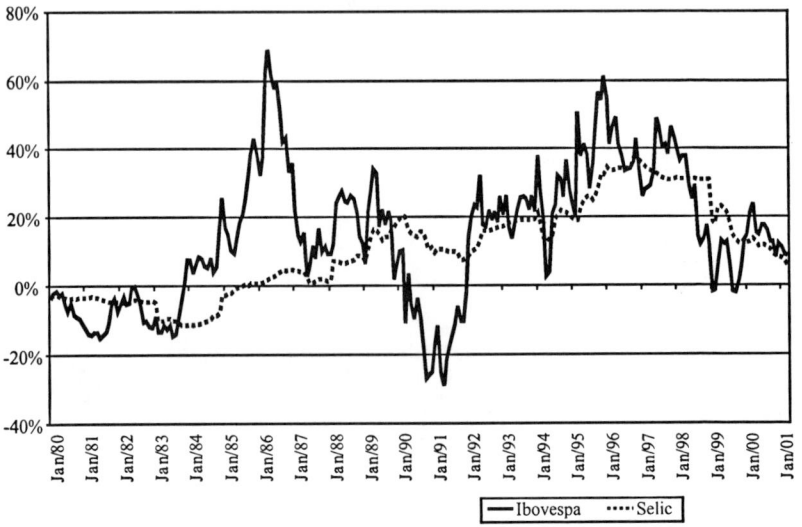

ELABORAÇÃO: Care Consultores.

Algumas observações:
a) Embora o retorno anual médio do Ibovespa nos 255 períodos seja superior ao da Selic (14,29% contra 11,20%), sua volatilidade é muito alta.
   — O intervalo de valor dos retornos acumulados em cinco anos móveis nesse período vai de –28,85% (período de cinco anos iniciado no pico do Plano Cruzado) até 68,93% (período de cinco anos iniciado em 1981 e terminado em abril de 1986, no pico do Plano Cruzado); comparativamente, no período de menor retorno, o Selic teve — 11,29% e um máximo de + 37,17%.
   — Em apenas 158 dos 255 períodos de 60 meses (62% das vezes) o Ibovespa superou o Selic.

b) Para fins de comparação, é relevante registrar que nos mesmos 255 períodos móveis de 60 meses, o retorno anual médio do índice S&P500 da Bolsa de Nova York foi de 11,53% (contra 2,27% dos Fed Funds), mas com volatilidade incomparavelmente menor: enquanto o desvio-padrão anualizado dos retornos mensais do Ibovespa é de 69,3% no período, o do S&P500 é de apenas 15,3%.

— O intervalo de valor dos retornos acumulados em cinco anos móveis nesse período vai de 1,61% (período de 60 meses terminado em julho de 1982) até 26,18% (60 meses terminados em dezembro de 1999).

— O S&P500 superou os Fed Funds em 96,6% das vezes no período.

FIGURA 16
SP500 X FED FUNDS
(Rendimento acumulado em 5 anos)

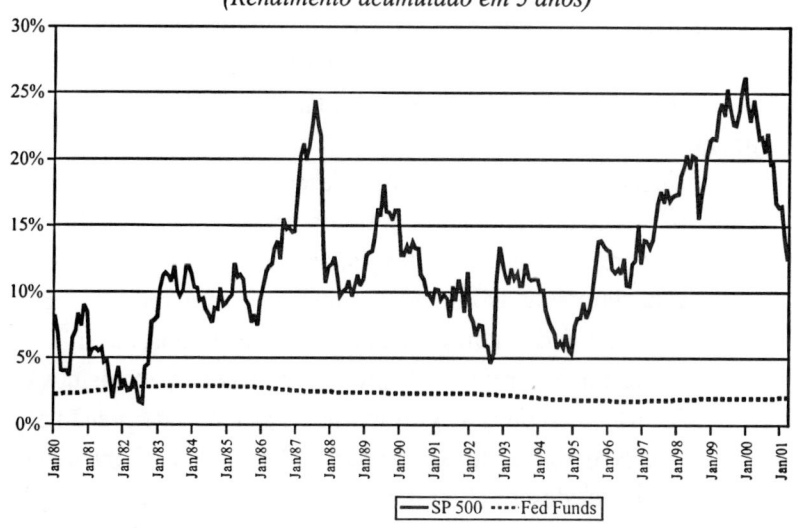

ELABORAÇÃO: Care Consultores.

c) A maioria dos ativos disponíveis no mercado de capitais brasileiro tem baixa liquidez, comprometendo a formação de preços.

No mercado acionário, o indicador relativo à presença em pregão, já apresentado, mostra que a grande maioria das ações tem baixa liquidez. No caso de ações ordinárias, o principal fator é a pequena disponibilidade de ações em mercado (*free float*) em face da concentração em mãos dos controladores: em 80,9% das companhias (585 num total de 723), o grupo controlador detém mais de 60% das ações ordinárias, sendo que em 60,3% dos casos esse percentual é superior a 80%.

No caso de ações preferenciais, praticamente as únicas com liquidez, o quadro se altera. Verifica-se que em apenas 1/3 das companhias (34,8%) acionistas controladores que detêm mais de 5% das ações ordinárias possuem mais de 50% das ações preferenciais. O volume de ações preferenciais no mercado é consideravelmente superior ao de ações ordinárias.

d) Mercado secundário de títulos de dívida privados: ausência de padronização e formação de preços.

Além das demais questões que afetam negativamente o mercado (juros básicos e custos de transação — CPMF), o mercado secundário de títulos de dívida privada tem pelo menos dois obstáculos que inibem seu desenvolvimento:
— Ausência de padronização: o desenvolvimento do mercado requer a existência de contratos padronizados, facilmente compreensíveis e executáveis; os títulos de dívida privada e especialmente as debêntures têm sido caracterizados pela especificidade e complexidade de suas escrituras de emissão.
— Ausência de formação de preços: inexistem mecanismos de formação de preços; a utilização de sistemas de pregão eletrônico de baixo custo é o padrão observado atualmente nos mercados desenvolvidos.*

---

*Em maio de 2001 foi lançado o Bovespa Fix — ver adiante.

e) A tributação do Imposto de Renda não harmonizada com práticas internacionais discrimina a poupança de longo prazo.

— Renda fixa e renda variável: Até 2002, o Imposto de Renda tributará igualmente rendimento de renda fixa, renda variável e ganhos de capital; a uniformização com tratamento tributário dominante no plano internacional implica tributação menor para ganhos de renda variável e ganhos de capital.

— Tributação de rendimentos de fundos de pensão: No caso de fundos de pensão, o diferimento do Imposto de Renda para o momento do pagamento dos benefícios é um critério praticamente unânime no mundo, especialmente nos países em que os fundos de pensão atingiram um desenvolvimento significativo.

Sua tributação antecipada constitui forte desincentivo a esse mecanismo de mobilização de poupança e adquire característica discriminatória em relação a planos de previdência aberta, não sujeitos a essa tributação.

f) Fatores culturais não favorecem o mercado de capitais.

Destacam-se pelo menos as seguintes observações:

a) Empresas: cultura de empresa familiar, controle concentrado e não compartilhado:

— A característica básica do sistema jurídico brasileiro (*civil law*) reforça a empresa fechada de controle familiar, fundada em leis e regulamentos com elevado grau de intervenção, estabelecendo regulamentação detalhada para contratos privados.

— A tradição de concessões públicas e participação estatal antepõe-se à tradição anglo-saxônica de empreendimentos privados, em que contratos fazem lei entre as partes (*comon law*) e a regulação tem base na noção do homem prudente (*prudent man rule*) que caracterizou a mobilização de recursos para o financiamento do setor privado, desde a Revolução Industrial.

b) Economia informal:

— No Brasil, agregaram-se à cultura de empresa fechada de controle familiar décadas de reforço ao crescimento da economia informal, mediante a construção de um complexo e oneroso sistema tributário em que a ausência de padrões contábeis definidos e de transparência de informações deixa uma parcela considerável da economia fora do mercado de capitais, e com acesso restrito ao crédito bancário.

c) Investidores: pequena penetração e popularidade do investimento em ações:

— A concorrência com ativos de renda fixa que oferecem elevada remuneração e as condições de alta volatilidade, baixa transparência e insuficiente proteção a minoritários em que opera o mercado de ações não contribuem de modo algum com a popularização do investimento em ações, hoje restrito a uma parcela muito pequena da população.

— O modo de implementação do programa de privatização não utilizou mecanismos que estimulassem a pulverização das ações e sua disseminação como alternativa de investimento; a recente operação de distribuição das ações da Petrobras, facultando-se a utilização de recursos do FGTS para sua aquisição, pode sinalizar uma saudável mudança de posicionamento.

d) Opinião pública em geral: sistema financeiro em oposição ao setor real e ao crescimento econômico; mercado de capitais: jogo para profissionais:

— A opinião pública em geral não favorece o mercado de capitais ou mesmo o sistema financeiro como um todo: a ligação positiva entre mercado de capitais ou bancos e crescimento econômico não faz parte da observação e da experiência da população brasileira nas últimas décadas.

— É possível até identificar as razões pelas quais essa percepção registra uma relação inversa: as elevadíssimas taxas de juros cobradas ao setor produtivo pelo sistema bancário colocam essa fonte de financiamento em clara oposição com o crescimento da produção e do emprego, ao mesmo tempo em que o mercado acionário é percebido como um jogo para profissionais, sem ligação com o setor real.

INICIATIVAS RECENTES: GOVERNO E SETOR PRIVADO

O DESENVOLVIMENTO DO MERCADO DE CAPITAIS REQUER AÇÕES DO SETOR PÚBLICO E DO SETOR PRIVADO

Do simples exame dos obstáculos identificados anteriormente, verifica-se que muitas das condições a serem criadas para o eficiente desempenho do mercado de capitais e o seu desenvolvimento são de responsabilidade governamental. No mínimo, incluem-se nessas condições a redução das taxas de juros mediante a consolidação do ajuste fiscal, a reforma do sistema tributário, ajustes da legislação societária e de proteção a credores, além do reforço a mecanismos e instrumentos que garantam o cumprimento de leis e contratos (*enforcement*).

Entretanto, verifica-se que a construção de um mercado de capitais eficiente e competitivo em termos internacionais requer mudanças que são de responsabilidade direta de todos os participantes do mercado. Por exemplo, incluem-se aí o exercício mais amplo da autoregulação por parte de bolsas e outras entidades do setor privado, a adoção de novo posicionamento estratégico e a superação de restrições de natureza cultural por parte das empresas, o aumento da eficiência dos sistemas de negociação e distribuição, avanços na qualidade de governança por parte dos investidores institucionais e a difusão da cultura de mercado de capitais para os investidores individuais.

Nos últimos anos, novos posicionamentos, propostas e iniciativas têm sido adotados pelo Governo e pelo setor privado relativamente ao mercado de capitais. Este capítulo apresenta de modo sumário uma visão panorâmica dessas inovações. Registre-se desde já que não existe a pretensão de realizar um inventário exaustivo desses pontos, mas apenas destacar algumas das iniciativas aparentemente mais correlacionadas com as preocupações e os obstáculos evidenciados no diagnóstico apresentado nos capítulos anteriores.

A MODERNIZAÇÃO DO SISTEMA BANCÁRIO TEM SIDO ACELERADA

A consolidação e a modernização do sistema bancário têm sido aceleradas graças à estabilização, à abertura da economia, à entrada de bancos estrangeiros e à privatização de bancos estatais. Com o aumento da concorrência daí resultante e os avanços da regulamentação promovidos pelo Banco Central, verificam-se a progressiva redução de *spreads* e avanços na qualidade da administração de riscos de crédito e de mercado.

Embora ainda no seu início, já podem ser identificados os primeiros resultados desse processo de modernização:

a) queda acentuada da participação do sistema bancário no PIB de mais de 12% na primeira metade da década de 1990 para cerca de 6,8% em 1995 e provavelmente menos de 5% em 2000;
b) redução do número de bancos;
c) redução de coeficientes de depósitos compulsórios;
d) aumento de volume de crédito ao setor privado — pessoa física e pessoa jurídica;
e) queda dos *spreads* nas operações de crédito.

NO MERCADO DE CAPITAIS, VÁRIOS POSICIONAMENTOS E INICIATIVAS TÊM SIDO ADOTADOS, COM IMPACTO LIMITADO

Autoridades públicas e entidades do setor privado têm ressaltado recentemente a importância e a prioridade que devem ser atribuídas ao desenvolvimento do mercado de capitais.

Além disso, várias iniciativas relevantes têm sido implementadas ou anunciadas nessa área, destacando-se:

No setor público:

O mercado de capitais foi definido como prioridade pelo presidente da República, em novembro de 1999. A Agenda do Governo para o Biênio 2001-2002 inclui expressamente a reforma do mercado de capitais e a redução do custo de capital dentre as ações consideradas essenciais. Considera-se que a democratização e o fortalecimento do mercado de capitais são fundamentais para estimular o aumento da poupança interna, a alocação eficiente de recursos e a redução do custo de capital.

Podem-se destacar algumas das iniciativas incluídas na referida Agenda:

a) Reforma da Lei das Sociedades Anônimas — Projeto de Lei 3.115, no Congresso, visando aumentar a eficiência mediante melhor governança corporativa, com foco na proteção ao acionista minoritário.
b) Aprimoramento dos padrões contábeis das empresas abertas e exigência de transparência para empresas fechadas a partir de certo tamanho. Projeto de Lei 3.741/00, no Congresso.
c) Regulamentação da previdência privada complementar, para os setores público e privado, incentivando hábitos de poupança a longo prazo. Nesse contexto, podem-se apontar pelo menos três medidas aprovadas recentemente e já em pleno vigor:

- nova regulamentação das aplicações para os fundos de pensão (Resolução 2.829, de 29/3/2001, do CMN);
- nova legislação de previdência privada complementar: fundos de pensão e previdência aberta:
  - Lei Complementar 109, de 29/5/2001, que estabelece as bases legais para o regime de previdência complementar; dentre outras inovações, cria a figura de instituidor de planos fechados (associações, clubes, sindicatos), figura antes restrita a empresas patrocinadoras, regula a portabilidade e estabelece novos e melhores padrões de *governance* e transparência;
  - Lei Complementar 108, de 29/5/2001, que regula a relação entre entidades do setor público (inclusive empresas estatais) e as entidades fechadas de previdência complementar existentes ou que venham a ser criadas visando ao seu pessoal; estabelece requisitos de preservação do equilíbrio atuarial e padrões mais exigentes de governança corporativa para essas entidades.

d) Revisão da Lei de Falências, visando favorecer a realocação eficiente do capital e a redução do custo do crédito (PL 4.376/93).

e) CVM: o Relatório de Atividades de 2000 traz a definição clara de objetivos e prioridades voltadas para a maior proteção a investidores, governança corporativa, transparência e aplicação da lei (*enforcement*), e a visão de que essas ações são fundamentais para o desenvolvimento do mercado e eficazes para a redução do custo de capital das empresas.

f) Instituição de uma agência única para a supervisão do mercado de capitais, seguros e previdência complementar, com ênfase na proteção do cidadão, como investidor, e do consumidor.

g) CVM: várias Instruções visando à proteção ao acionista minoritário, maior transparência e melhores padrões de governança corporativa de empresas abertas.

h) CVM/Bacen: regulamentação de fundos de investimento, reforçando padrões de governança corporativa e proteção a investidores (*chinese wall*, normas prudenciais), transparência, padrões de valorização de ativos e monitoração de riscos.

i) BNDES/BNDESPAR: participação complementar à do mercado de capitais e setor privado; adição de condições de elegibilidade de projetos baseadas em critérios de boa governança corporativa.

j) Implantação da Comissão do Mercado de Capitais no Bacen, coordenada pelo presidente do Banco Central, com participação da CVM, SPC, Susep e outros órgãos públicos.

No setor privado:

a) Bovespa:
— Novo sistema operacional: Megabolsa   (1996/97)
— Criação da CBLC — *clearing* independente   1997
— Introdução do sistema *Home Broker*   1999
— Início das operações *after market*   1999
— CBLC adquire a Câmara de Liquidação e Custódia da Bolsa do Rio
— Acordo de Integração Nacional: 2000
— Bovespa — centraliza mercado secundário de ações
— BVRJ — mercado secundário de títulos públicos
— Novo mercado   março de 2001
— Mercado Global: adesão da Bovespa ao
— *Global Equity Market* — em estudos e negociações 2000
— Bovespa Fix   2001

A Bovespa e a CBLC organizaram um ambiente integrado para a negociação, liquidação e custódia de títulos de dívida privados, baseado em um sistema eletrônico (Sisbex). O funcionamento do mercado oferece total transparência, com oferta e preços de fechamento divulgados em tempo real. Nas colocações primárias, emissores e *underwiters* podem utilizar *book building* ou leilão eletrônico. A iniciativa veio suprir uma deficiência importante do mercado desses papéis, passando a oferecer mecanismos transparentes e confiáveis de formação de preços.

b) BVRJ — Bolsa de Valores do Rio de Janeiro:
— Implantação do Sisbex/agosto de 2000.

Trata-se de um sistema de negociação de títulos públicos e outros ativos baseado em regras e elevados padrões de transparência visando à correta formação de preços. São negociados no Sisbex diversos tipos de títulos públicos de emissão do Tesouro Nacional e do Banco Central, negociações essas que poderão ser estendidas a títulos de emissão dos Estados e Municípios.

A BVRJ já solicitou autorização ao Banco Central para a negociação de moedas estrangeiras no mercado interbancário de câmbio e prepara-se para operacionalizar leilões primários de letras hipotecárias de emissão da Caixa Econômica Federal. Eventualmente poderão ser negociados também no Sisbex títulos de dívida externa emitidos pela União e atualmente transacionados no exterior.

c) Andima
— Redução dos custos do SND — Sistema Nacional de Debêntures para estimular novas emissões; neste ano, a diminuição de custos para os usuários acumula, na média, cerca de 24%, englobando não apenas despesas operacionais, mas também os serviços ligados ao Sistema.

— Trabalhos de orientação de cálculos e de textos para as escrituras de debêntures, desenvolvidos por representantes do setor financeiro, técnicos da Andima e da Cetip e advogados especializados.

— Operações compromissadas com debêntures: a Andima sempre reivindicou sua regulamentação; como resultado dessa medida, o volume médio diário negociado no SND saltou de R$ 36 milhões no último quadrimestre do ano passado para R$ 64 milhões nos quatro primeiros meses de 2000 — um crescimento de 80%.

— Reformulação do SND: a Andima, em parceria com a Cetip vem trabalhando para oferecer novas e importantes informações aos usuários do Sistema — PU da curva da debênture e agenda contendo os principais eventos da vida do título.

— Disponibilização de informações: criação de *site* na internet (www.debentures.com.br) com informações sobre todos os papéis registrados no SND desde a sua criação, ou seja, mais de 600 emissões divididas em 1.200 séries, além da legislação do setor, os comunicados, os documentos necessários para cadastramento no Sistema e uma vasta bibliografia sobre o assunto.

— Securitização de recebíveis: a Andima está desenvolvendo um projeto de criação de uma empresa administradora de recebíveis — a Timbre, que terá como função específica conferir maior segurança e transparência às negociações de créditos a receber dentro do sistema financeiro.

— Redução de custos de transação por meio do uso de novas tecnologias: a criação da RTM — Rede de Telecomunicações do Mercado pela Andima, ao final de 1996 — um canal único de melhor *performance* para o acesso a diversos serviços e operações no âmbito do mercado financeiro.

— Pregão eletrônico para negociação e formação de preços: recentemente, a Cetip criou o SIM — Sistema Integrado de Mercados. Trata-se de um sistema eletrônico de negociação que permite realizar leilões, colocação primária de títulos e negociações no mercado secundário.

d) Andib:

— Código de Auto-Regulação da Andib para a Indústria de Fundos de Investimento:

Apesar da importância e dos efeitos potenciais positivos dessas iniciativas, verifica-se que seu impacto sobre o volume das operações e principalmente sobre as condições de financiamento do setor privado tem sido muito limitado.

UM PROGRAMA COM OBJETIVOS DEFINIDOS E A PARTICIPAÇÃO DOS SETORES PÚBLICO E PRIVADO É OPORTUNO, PRIORITÁRIO E URGENTE

Embora esses pronunciamentos e iniciativas não assegurem a existência de uma visão única quanto ao papel a ser desempenhado pelo mercado de capitais na economia brasileira, constata-se a existência de uma convergência inédita de opiniões e posicionamentos no sentido de considerar o desenvolvimento do mercado de capitais como prioridade para a retomada e sustentação do crescimento econômico.

Acredita-se que a eficácia dessas mudanças tem sido ou será prejudicada, dentre outras razões, por sua natureza pontual, não refletindo um conjunto de ações coordenadas adotadas a partir de uma visão consistente do papel e da configuração do mercado de capitais na economia brasileira.

Como foi destacado, embora muitas dessas condições sejam de responsabilidade governamental, verifica-se que existe amplo espaço para a atuação das empresas e entidades do setor privado.

Trata-se aparentemente do momento oportuno para complementar e consolidar essas medidas pontuais, mediante a adoção de um programa de ação com objetivos definidos, com suficiente senso de urgência, a ser implementado mediante parceria entre o Governo e o setor privado.

BALANÇO PRELIMINAR: AMEAÇAS E OPORTUNIDADES

ELEMENTOS PARA UM PROGRAMA DE DESENVOLVIMENTO DO MERCADO DE CAPITAIS

Com base nos elementos apresentados e analisados neste trabalho, podem-se fazer algumas observações finais, constituídas basicamente de um balanço preliminar e da identificação de algumas ameaças e oportunidades.

Supõe-se que essas observações sejam relevantes para a formulação e a implementação de um programa de desenvolvimento do mercado de capitais brasileiro.

— *Prioridade*
A retomada do crescimento da economia brasileira deve ser liderada pelo investimento privado, inexistindo alternativas competitivas de financiamento para a grande maioria das empresas brasileiras.

O sistema financeiro privado — bancos e o mercado de capitais — deve assumir gradativamente o papel central na mobilização e alocação de recursos na economia brasileira, que tem sido ocupado nas últimas décadas pelo setor público.

Desse modo, o desenvolvimento do sistema financeiro em geral e do mercado de capitais em particular é essencial e deve ter prioridade equivalente àquela atribuída ao próprio crescimento.

— *Oportunidade, responsabilidade e potencial*
Ficou evidenciada a ocorrência de uma inédita convergência de opiniões e posicionamentos do Governo e do setor privado quanto à importância do mercado de capitais.

Com a nova política cambial e os avanços do programa de estabilização, estão sendo criadas algumas das condições requeridas para a retomada do crescimento. A complementação do ajuste fiscal e a institucionalização de padrões de responsabilidade fiscal reforçam a expectativa de continuidade de queda dos juros básicos a médio prazo e sua sustentação em níveis mais próximos dos internacionais.

A perspectiva de estabilização da dívida pública e o acelerado crescimento em curso dos ativos de investidores institucionais aumentam a probabilidade de forte demanda e espaço para a colocação de papéis privados — ações e títulos de dívida —, desde que sejam removidos os obstáculos hoje existentes.

Adiante busca-se estabelecer um balanço preliminar entre as medidas propostas ou em vias de implementação e aquelas que permitiram superar os obstáculos apontados no diagnóstico. A seguir é feito um dimensionamento preliminar dos recursos que potencialmente poderiam ser deslocados para a compra de papéis privados.

BALANÇO PRELIMINAR

Foi estabelecida uma comparação entre os fatores que foram apontados no diagnóstico como obstáculos ao desenvolvimento do mercado de capitais e as sugestões, propostas ou iniciativas recentemente adotadas.

Essa comparação sugere a caracterização de três áreas:

a) Áreas em que as sugestões, propostas e iniciativas são altamente consistentes com o diagnóstico e cuja implementação corresponde praticamente à superação dos obstáculos existentes.
— Proteção ao acionista:
  • governança corporativa;
  • transparência;
  • *enforcement*.
— Propostas e iniciativas:
  • Projeto da Nova Lei das Sociedades Anônimas e novo mercado, Empresas Níveis 1 e 2 — Bovespa;
  • novos padrões de contabilidade: Projeto do Executivo no Congresso;
  • *enforcement* — Reestruturação da CVM — Nova Lei das S.A.

As políticas recentemente adotadas pelo Governo induzem a alocação de recursos de investidores institucionais e agências oficiais para empresas com melhores padrões de governança corporativa e estimulam a participação do sistema financeiro privado nas operações.

De fato, essa orientação é evidenciada em recentes resoluções e deliberações do CMN, CVM, SPC, BNDES, BNDESPAR e Finep. Essas medidas atendem às expectativas quanto ao posicionamento oficial nessa fase de transição, em que o papel central da mobilização e alocação de recursos deverá migrar gradativamente do setor público para o sistema financeiro privado, aí incluídos os bancos e o mercado de capitais.

— Mercado secundário de títulos de dívida privada:
  • implantação do mercado
  • Bovespa FIX
  • Projeto Cetip

b) Áreas em que medidas têm avançado na direção apontada no diagnóstico.

— Proteção a credores:
- revisão da Lei das Falências incluída na Agenda do Governo para o biênio 2001-2002

— Padronização de títulos de dívida privada:
- iniciativa:
- padronização: Andima

— Governança de fundos de pensão — Bacen/SPC:
- Iniciativa:
A Resolução 2.829 do CMN, de 29/3/2001, estabelece vários requisitos visando, entre outros aspectos, à caracterização de melhores padrões de boa governança corporativa.

Destacam-se a obrigatoriedade de designação de administrador tecnicamente qualificado, que será responsável civil e criminalmente, a definição e divulgação da política de investimento adequada ao perfil dos planos da entidade, bem como de relatório trimestral sobre a execução dessa política e dos custos associados.

Por outro lado, está em execução um programa de reestruturação e qualificação da Secretaria de Previdência Complementar, visando aumentar sua eficácia na implementação das normas.

— Governança de fundos de investimento — Bacen/CVM:
Nos últimos dois anos, o Banco Central e a CVM têm avançado de modo significativo no estabelecimento de uma regulação visando à melhoria de qualidade da governança corporativa dessas entidades, aliada à proteção aos investidores.

c) Áreas sem definição de proposta ou com propostas contraditórias.

— Carga tributária potencial e economia informal:

Os projetos existentes de reforma tributária não tocam na questão da carga tributária potencial e seus impactos sobre o crescimento da economia informal. Seu foco é na reformulação do sistema tributário, com ênfase nos impostos indiretos, visando à eliminação dos impostos em cascata, desoneração de exportações e bens de capital e simplificação.

Dada a necessidade de manter a arrecadação, o dimensionamento das alíquotas dos novos impostos a partir da arrecadação observada praticamente garante a permanência da carga tributária potencial. Embora a eventual aprovação dos projetos existentes possa eliminar graves distorções e gerar benefícios importantes, a perspectiva é a manutenção do mesmo quadro de incentivo à economia informal.

— Custo de transação — CPMF:

A resistência do Governo Federal à eliminação da CPMF tem sido evidenciada em todas as discussões em torno do assunto, não havendo até o momento perspectiva clara de sua supressão nas transações do sistema financeiro e do mercado de capitais.

O impacto da CPMF é tanto mais destrutivo quanto mais longo o prazo do papel. Por exemplo, um título resultante da securitização de uma hipoteca, com prazos de 10, 15 ou 20 anos, pode ser transacionado dezenas de vezes até o seu vencimento num mercado ativo e líquido. Com a alíquota atual, de 0,38%, a CPMF é rigorosamente incompatível com o desenvolvimento desse mercado. Bastaria lembrar que numa única transação o custo da CPMF corresponde hoje a quase 80% do *spread* total de operações de securitização de recebíveis no mercado internacional (da ordem de 47 pontos básicos — Crane, Dwight B. e outros, 1995).

Na hipótese de ficar definida a permanência da CPMF, visando ao combate à sonegação, uma alternativa seria a fixação de alíquota muito baixa (por exemplo, não superior a 1 ponto básico).

— Imposto de Renda no mercado de capitais:
A tributação dos rendimentos das aplicações em fundos de pensão e Fapis (e agora eventualmente também em planos de previdência aberta, conforme proposta divulgada) na fase de acumulação é contraditória com a melhor prática internacional. Esta reserva a cobrança do imposto para o momento do resgate ou percepção dos benefícios.

A manutenção e a eventual difusão da tributação dos ganhos correntes desestimulam o avanço de soluções privadas para o problema da aposentadoria e reduzem o incentivo para a continuidade do processo de institucionalização da poupança, ingrediente importante do desenvolvimento do mercado de capitais.

d) Áreas de atuação: setor público e setor privado.
— Verifica-se a multiplicação das iniciativas de auto-regulação de entidades do setor privado nos últimos anos, destacando-se Bovespa, Anbid e Andima.
— No contexto de um mercado em que o ritmo de inovações deve acelerar no futuro próximo, existem razões que reforçam a proposição de limitar a regulação do setor público aos aspectos em que sua competência é exclusiva (como é o caso da tribu-

tação), liberando espaços e apoiando a atuação de auto-regulação do setor privado.

e) Cronologia: senso de urgência.

É relevante fazer algumas observações sobre a questão da velocidade com que devem ser criadas as condições e superados os obstáculos ao desenvolvimento do mercado de capitais.

Na ausência de mecanismos de coordenação das entidades envolvidas, a velocidade de formulação ou implementação de propostas depende das considerações e prioridades de cada uma delas; por outro lado, sempre que a superação de um obstáculo depender da atuação de mais de uma entidade, uma iniciativa pode ter sua eficácia comprometida pela ausência da medida complementar.

Levando em conta o avanço já verificado e a oportunidade representada por volumes crescentes de recursos para investimento no âmbito dos investidores institucionais, três iniciativas têm aparentemente as melhores condições de mostrar resultados em curto prazo e poderiam constituir o foco da atenção do mercado:

— alíquota simbólica ou eliminação de incidência da CPMF nas transações do mercado financeiro e de capitais;
— novo mercado e empresas níveis 1 e 2 — Bovespa
— mercado de títulos de dívida privada.
— Bovespa: mercado de títulos de renda fixa
— Cetip: SIM — Sistema de Negociação de Títulos Privados
— padronização de títulos de dívida privada: Andima

OPORTUNIDADE PARA A COLOCAÇÃO DE PAPÉIS PRIVADOS

Com o avanço da estabilização, a partir de 1994, os investidores passaram a deslocar seus recursos para ativos financeiros, em substituição à tradicional poupança em ativos reais. A maior confiança na moeda fez crescer a riqueza financeira das famílias, ou seja, o passivo do sistema financeiro (bancos, fundos de investimento e fundos de pensão) junto a estas.

Em maio de 1996, esses ativos representavam 35% do PIB e em fins de 2000, já eram superiores a 50% do PIB. A simples projeção da tendência para 2005 indicaria uma proporção de riqueza financeira no PIB da ordem de 75, como se verifica na figura a seguir.

FIGURA 17
RIQUEZA FINANCEIRA — % PIB
(Soma de fundos de pensão, fundos de investimento, CDB's, poupança e depósitos à vista)

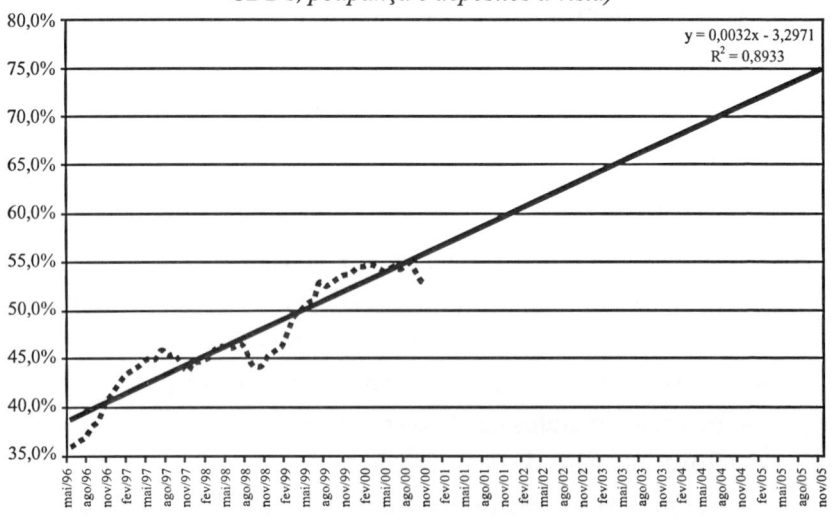

$y = 0,0032x - 3,2971$
$R^2 = 0,8933$

FONTE: BCB e Abrapp.

Ao mesmo tempo, uma parcela cada vez maior da riqueza financeira passou a ser comandada pelos investidores institucionais. Isso equivale a reproduzir domesticamente uma tendência observada em todo o mundo, caracterizada pela institucionalização da poupança. A figura a seguir ilustra bem essa questão.

FIGURA 18
DISTRIBUIÇÃO DA RIQUEZA DAS FAMÍLIAS —
BANCOS E INSTITUCIONAIS
(R$ milhões)

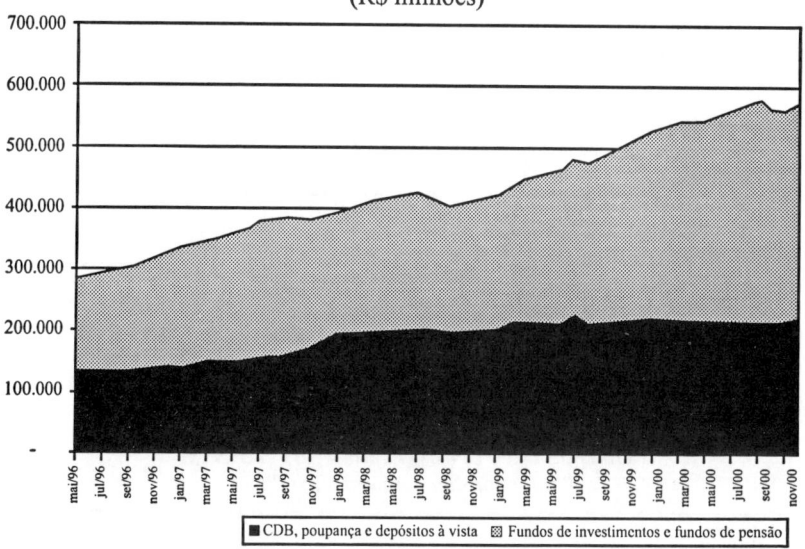

■ CDB, poupança e depósitos à vista   ▨ Fundos de investimentos e fundos de pensão

Durante esse processo, o crescimento da dívida mobiliária pública foi financiado em boa parte pelos investidores institucionais, como pode ser observado nos dois gráficos a seguir. No começo de 1996, cerca de 25% da dívida mobiliária era financiada pelos institucionais, percentual esse que supera os 40% no final de 2000. Por sua vez, a carteira dos institucionais continha 30% em títulos públicos no início de 1996, passando a 60% no final de 2000.

Com o esforço de ajuste fiscal promovido pelo Governo, do que resultou a geração de sucessivos superávits primários, vislumbra-se a possibilidade de estabilização da razão dívida/PIB. Nesse cenário, abre-se uma oportunidade para os títulos privados.

FIGURA 19
DÍVIDA PÚBLICA MOBILIÁRIA
Em poder dos fundos mútuos e de pensão (%)

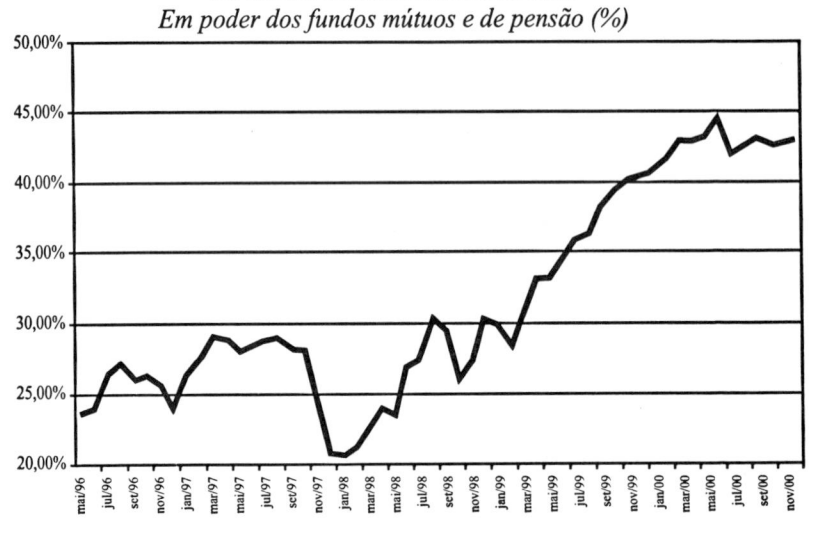

FIGURA 20
CARTEIRAS DOS INSTITUCIONAIS —
FUNDOS DE PENSÃO E INVESTIMENTO
Títulos públicos na carteira (%)

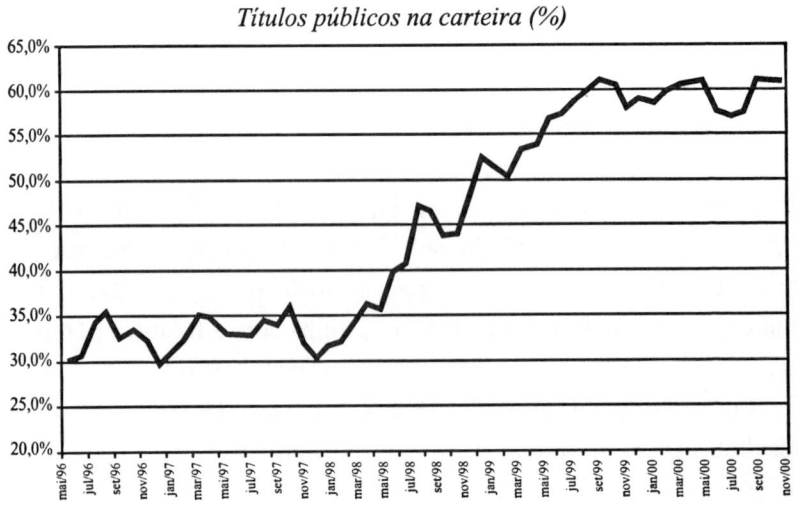

FIGURA 21
RIQUEZA FINANCEIRA NOS INSTITUCIONAIS — % PIB — PROJEÇÃO DE TENDÊNCIA
(Soma de fundos de pensão e fundos de investimento)

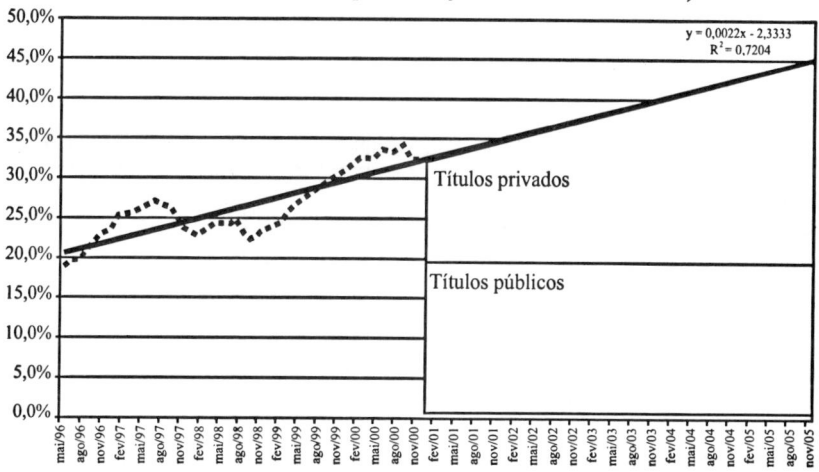

$y = 0,0022x - 2,3333$
$R^2 = 0,7204$

Títulos privados

Títulos públicos

FONTE: BCB e Abrapp.
ELABORAÇÃO: Care Consultores — C.A. ROCCA.

Como a carteira dos investidores institucionais vem crescendo aceleradamente (em temos de porcentagem do PIB), e a dívida pública como porcentagem do PIB se estabiliza, o excedente da carteira dos institucionais terá que ser necessariamente alocado para títulos e valores mobiliários privados. A figura acima ilustra bem essa questão: a projeção de uma tendência linear da riqueza financeira nos investidores institucionais como proporção do PIB indica uma elevação de cerca de 32% em fins de 2000 para pouco mais de 45% em dezembro de 2005.

Considerando um cenário de crescimento do PIB de 4% ao ano, o potencial volume de recursos para títulos privados crescerá aceleradamente. A tabela a seguir mostra o resultado da projeção.

TABELA 15
PROJEÇÃO DO VOLUME DE RECURSOS DOS INSTITUCIONAIS
PARA TÍTULOS PRIVADOS

	Títulos privados nos ativos dos institucionais (R$ milhões)	Títulos privados nos institucionais (% PIB)	Crescimento real títulos privados (%)	Variação do estoque de títulos privados (% PIB)	Variação do estoque de títulos privados (% FBCF)	Crescimento do estoque de títulos privados (% FBCF) — média 1996-2000
2000	137.314	12,7%				
2001	193.488	17,3%	40,9%	5,0%	23,6%	
2002	236.223	20,3%	22,1%	3,7%	17,3%	
2003	282.067	23,3%	19,4%	3,8%	17,8%	3,11%
2004	331.200	26,3%	17,4%	3,9%	18,4%	
2005	383.813	29,3%	15,9%	4,0%	18,9%	

ELABORAÇÃO: Care Consultores — C. A. ROCCA.

O volume de recursos representa valores superiores a 17% da formação bruta de capital fixo. Para uma referência histórica, no período de 1996-2000 as emissões primárias de ações somadas à variação do estoque de debêntures e *commercial papers*, em média, ficaram em 3,11% da FBCF. Em termos de referência internacional, nos EUA, o país com o mercado de capitais mais ativo do mundo, as emissões primárias de ações situam-se em 16% do PIB.

Na medida em que se verifiquem as hipóteses e tendências projetadas, o cenário é otimista no que se refere à demanda por títulos e valores mobiliários privados. Em termos práticos, isso significa que a superação dos obstáculos identificados e a mobilização das empresas do setor produtivo podem resultar em um grande impulso ao desenvolvimento do mercado de capitais.

Aparentemente, trata-se de uma grande oportunidade para mudar favoravelmente o panorama do financiamento do setor privado em prazo relativamente curto, condição necessária para a retomada e sustentação do crescimento econômico.

ANEXOS

I / Entidades Participantes do Projeto Ibmec II

II / Entidades Mencionadas no Livro

I

Entidades participantes
do Projeto Ibmec II

Abamec — Associação Brasileira dos Analistas do Mercado de Capitais
Abrapp — Associação Brasileira das Entidades Fechadas de Previdência Privada
Abrasca — Associação Brasileira das Companhias Aéreas
Adeval — Associação das Empresas Distribuidoras de Valores
Anbid — Associação Nacional dos Bancos de Investimento
Ancor — Associação Nacional das Corretoras de Valores, Câmbio e Mercadorias
Andima — Associação Nacional das Instituições do Mercado Aberto
Animec — Associação nacional de Investidores do Mercado de Capitais
BM&F — Bolsa de Mercadorias & Futuro
Bovespa — Bolsa de Valores de São Paulo
BVRJ — Bolsa de Valores do Rio de Janeiro
CNB — Comissão Nacional de Bolsas
Febraban — Federação Brasileira das Associações de Bancos
Fiesp — Federação das Indústrias do Estado de São Paulo
Força Sindical
Ibef — Instituto Brasileiro de Executivos de Finanças
IBGC — Instituto Brasileiro de Governança Corporativa
Ibmec — Instituto Brasileiro de Mercado de Capitais
Ibracon — Instituto dos Auditores Independentes do Brasil
Ibri — Instituto Brasileiro de Relações com Investidores
Sindicor-RJ — Sindicato das Sociedades e Corretores de Fundos Públicos e Câmbio do Município do Rio de Janeiro
Sindicor-SP — Sindicato das Sociedades e Corretores de Fundos Públicos e Câmbio do Estado de São Paulo
Soma — Sociedade Operadora do Mercado de Ativos

II
Entidades mencionadas no livro

Bacen — Banco Central do Brasil
BNDESPAR — BNDES Participações
CBLC — Companhia Brasileira de Liquidação e Custódia
Cetip — Central de Liquidação de Títulos Privados
CMN — Conselho Monetario Nacional
CVM — Comissão de Valores Mobiliários
CVRD — Companhia Vale do Rio Doce
Finep — Financiadora de Estudos e Projetos
OMC — Organização Mundial de Comércio
Sisbex — Sistema de Negociação de Títulos Públicos e outros Ativos
SPC — Secretaria da Previdência Complementar

Referências bibliográficas

1. BANCO ICATU (1997), "The Brazilian Stock Markets".
2. BEBCHK, L. A. e MARK, J. R. (1999). "A theory of path dependence in corporate ownership and governance", *Stanford Law Review*, v. 52.
3. BECK, T.; DEMIRGUC-KUNT, A. e Levine, R. (1999), *A new database on financial development and structure*, World Bank Policy Research, Working Paper 2146.
4. BECK, T.; LEVINE, R. e LOAYZA, N. (2000), "Finance and the sources of growth", *Journal of Financial Economics* (a sair).
5. BERGLOF, E. e VON THADEN, E.-L., (1999), "The changing corporate governance".
6. BHATTACHARYA, U. e HAZEM, D. (1999), "The world price of insider trading", Kelley School of Business, Indiana University, Indiana.
7. BLACK, B. S. e RONALD, J. G. (1998), "Venture capital and the structure of capital markets: banks versus stock markets", *Journal of Financial Economics*, 47, p. 243-277.
8. CARVALHO, A. G. (2000), "Ascensão e declínio do mercado de capitais no Brasil. A experiência dos anos 90", *Estudos para o desenvolvimento do mercado de capitais*, Bovespa, junho/2000, p. 24-47.
9. CLAESSENS, S.; DJANKOV, S.; FAN, J. e LANG, L. (1999), "Expropriation of minority shareholders in East Asia", World Bank, manuscrito.
10. CLAESSENS, S. (2000), "Corporate governance reform issues in the Brazilian equity markets ", World Bank Manuscript (a sair).

COFFE, J. C. JR. (1999), "The future as history: the prospects for global convergence in corporate governance and its implications", Northwestern University, *Law Review*, 93:631-707.

11. CRANE, D. B. *et al.* (1995), The global financial system: a functional perspective, Harvard Business School Press, Boston, EUA.

12. DEMIRGÜÇ-KUNT, A. e MAKSIMOVIC V, (1998), "Law, finance, and firm growth", *Journal of Finance*, 53: 2107-2137.
13. DEMIRGÜÇ-KUNT, A. e LEVINE, R. (1996a), "Stock markets, corporate finance and economic growth: an overview", *World Bank Economic Review*, v. 10, n. 2, p. 223-239.
14. DEMIRGÜÇ-KUNT, A. e LEVINE, R. (1996b). "Stock markets development and financial intermediaries: stylized facts", *World Bank Economic Review*, v. 10, n. 2.
15. EARSTERBROOK, FRANK H. e FISHEL, DANIEL R. (1991), *The economic structure of corporate law*, Harvard University Press, Cambridge, MA.
16. EDWARDS, JEREMY S. S. e WEICHENRIEDER, ALFONS J. (1999). "Ownership concentration and share valuation: evidence from Germany", University of Cambridge and CESifo, julho, manuscrito.
17. GERSCHENKRON, ALEXANDER (1962), *Economic backwardness in historical perspective*, Harvard University Press.
18. GLEASER, E.; JOHNSON S., e SHLEIFER A., (2000), "Coase versus the Coasians", Harvard e MIT Working Paper.
19. GREENSPAN, ALAN (1999), "As lições da crise global de 1997 e 1998", *O Estado de S. Paulo*, 3/10/1999, p. B-11.
20. JENG, LESLIE e WELLS PHILIPPE. (1998), "The determinants of venture capital funding: evidence across countries", Harvard University, maio, mimeo.
21. JENSEN, M., MECKLING, W. (1976), "Theory of the firm: managerial behavior", Agency Costs, and Ownership Structure, *Journal of Financial Economics*, 11, p. 5-50.
22. JOHNSON, S. (2000), "Which rules matter? Evidence from Germany's Neuer Markt", MIT Working Paper.
23. LA PORTA R.; LOPEZ-DE-SILANES F., e SHLEIFER, A. (1999), "Investor protection and corporate valuation", NBER Working Paper 7403, julho.
24. LA PORTA, R.; LOPEZ-DE-SILANES, F., SHLEIFER A., e VISHNY R., (1998), "Law and finance", *Journal of Political Economy*, 106:1113-1155.
25. LA PORTA, R.; LOPEZ-DE-SILANES, F., SHLEIFER A., e VISHNY R., (1997), "Legal determinants of external finance", *Journal of Finance,* 52:1131-1150.
26. LA PORTA, R.; LOPEZ-DE-SILANES, F., SHLEIFER, A. e VISHNY, R. (1999b), "Corporate ownership around the world", *Journal of Finance*, 54:471-517.
27. LA PORTA, R.; LOPEZ-DE-SILANES, F.; SHLEIFER, A., e VISHNY, R. (1999), "Investor protection and

corporate valuation, NBER Working Paper.
28. LA PORTA, R.; LOPEZ-DE-SILANES, F., SHLEIFER A., e VISHNY R., (1999b),"Investor protection and corporate valuation", Harvard and Chicago, manuscrito.
29. LA PORTA, R.; LOPEZ-DE-SILANES, F.; SHLEIFER A., e VISHNY R., (2000),"Investor protection and corporate governance", *Journal of Financial Economics* (a sair).
30. LEAL, R. P. C.; DA SILVA, A. C. e VALADARES, S. M. "Ownership, control and corporate valuation of Brazilian companies" (2000), *Proceedings of the Latin American Corporate Governance Roundtable*, São Paulo, OECD, abril.
31. LEAL, R. P. C. (2000), "Três desafios para a abertura de capital", *Revista da CVM* 32, p. 56-61, setembro.
32. LEAL, R. P. C. e BOCATER, P. F.(1992) "Métodos de acesso a ofertas públicas de ações em mercados internacionais", *Revista Brasileira de Mercado de Capitais*, v. 1, n. 45, p. 7-24, julho/dezembro.
33. LEVINE, R. (1996), "Financial development and economic growth: views and agenda", *Journal of Economic Literature* p. 688-726, junho.
34. LEVINE, R. (1997), "Stock markets: a spur to economic growth", *Finance and Development*, março.
35. LEVINE, R. e ZERVOS S., (1998), "Stock markets banks and economic growth", *American Economic Review* 88, p. 537-558.
36. LEVINE, R. (1997), "Financial development and economic growth: views and agenda", *Journal of Economic Literature*, 35:688-726, junho.
37. LEVINE, R.; LOAYZA, N.; e BECK, T. (2000), "Financial intermediation and growth: causality and causes", *Journal of Monetary Economics* (a sair).
38. LEVINE, R. e ZERVOS, S. (1996), "Stock market development and long-run growth," *World Bank Economic Review*, v. 10, n. 2, p. 323-339.
39. LEVINE, R. e ZERVOS, S. (1998), "Stock markets, banks and growth", *American Economic Review,* 88:537-58, junho.
40. BARROS, J. R. M.; SCHEINKMAN, J. A.; CANTIDIANO, L. L.; GOLDENSTEIN, L.; Silva, T. M. F. D. e Carvalho, A. G. (2000), "Desafios e oportunidades para o mercado de capitais brasileiro", *Estudos para o desenvolvimento do mercado de capitais*, Bovespa, junho.
41. MORCK, R.; SHLEIFER, A.; e VISHNY, R. (1988), "Management ownership and market valuation: an empirical analysis", *Journal of Financial Economics*, 20, p. 293-315.

42. MORCK, R.; STANGELAND, D. e YEUNG, B.(1999), "Inherited wealth, corporate control and economic growth", University of Alberta, mimeo.
43. NENOVA, T. (1999), "The value of corporate votes and control benefits: a cross-country analysis", *National Bureau of Economic Research*. Massachusetts, dezembro.
44. NOBREGA, M.; LOYOLA, G.; GUEDES, E. M. Filho e Pasqual, D. (2000),"O mercado de capitais: sua importância para o desenvolvimento e os entraves com que se defronta no Brasil", *Estudos para o desenvolvimento do mercado de capitais*, Bovespa, maio.
45. PRATI, A., e SCHINASI, G. J. (1997), "What impact will have on European securities markets?", *Finance & Development*, p. 47-50, setembro.
46. PROCIANOY, J. e Snider, H. (1994), "Tax changes and dividend payouts: is shareholder's wealth maximized in Brazil?", Working Paper IB-94-9, Leonard Stern School of Business, New York University, agosto.
47. RAJAN, R. e ZINGALES L., (1999), "The political economy of financial development", University of Chicago Working Paper.
48. RAJAN, R. e ZINGALES L.; (1998), "Financial dependence and growth", *The American Economic Review*, v. 88, n. 3, junho.
49. RAJAN, R. e ZINGALES L., (1999),"The political economy of financial development", University of Chicago Working Paper.
50. ROCCA, C. A. (1999),"O papel do sistema financeiro privado na retomada do crescimento", *Revista da CVM* 30, dezembro.
51. ROCCA, C. A. e Carvalho A. G., (1999), "Mercado de capitais e o financiamento das empresas abertas", Fipe/Abrasca.
52. ROCCA, C. A; SILVA M. E.; e CARVALHO A. G. (1998), "Sistema financeiro e a retomada do crescimento econômico", Fipe/Bovespa.
53. RODRIGUES, E. L. (1999), "Maior visibilidade ou integração do mercado de capitais brasileiro? — Os efeitos da listagem de ações de empresas brasileiras no mercado norte-americano através do mecanismo de recibos de depósitos de ações", *Revista da CVM* 30, dezembro.
54. SAITO, R. (2000), "Differential pricing of equity classes, majority control and corporate governance: evidence from the Brazilian equity market", Larc, Fundação Getulio Vargas.
55. SHLEIFER, A. e VISHNY, R. (1997) "A survey of corporate Governance". *Journal of Finance*, 52 p. 737-783.
56. SHONFIELD, A. (1965), "Modern capitalism", Oxford University Press.

57. VALADARES, S. M. e LEAL, R. P. C. (2000), "Ownership and control structure of Brazilian companies", *Revista Abante*, v. 3, n. 1, p. 29-56, abril.
58. WEI, S. e Hall, T. W. (2001), *Investigating costs of opacity*, www.opacityindex.com
59. ZANI, J. e Ness Jr., W. L. (2000), "Os juros sobre o capital próprio *versus* vantagem fiscal do endividamento", Encontro anual da Anpad.
60. ZOCKUN, M. H. (2000), "Uma medida do tamanho da economia informal no Brasil", mimeo.

Índice
de tabelas e figuras

Tabela 1   Indicadores do tamanho do mercado de capitais (1995) — União Européia, EUA e Japão.
Tabela 2   Indicadores do tamanho do mercado de capitais.
Tabela 3   Emissão de ações como proporção da formação bruta de capital fixo (1996).
Tabela 4   Distribuição da presença em pregão dos papéis negociados na Bovespa.
Tabela 5   Custo de capital de terceiros – Despesas financeiras/passivo oneroso.
Tabela 6   Tamanho por ativo.
Tabela 7   Porcentagem de ações ordinárias com acionistas que detêm mais de 5% das ações.
Tabela 8   Concentração da propriedade na Alemanha, Japão e Estados Unidos porcentagem (X) do capital votante controlado pelo maior acionista.
Tabela 9   Custo de capital próprio (% aa).
Tabela 10 Desvantagens das empresas abertas.
Tabela 11 Ranking global de direitos de acionistas minoritários.
Tabela 12 Direito dos credores no mundo.
Tabela 13 Padrões contábeis no mundo.
Tabela 14 Carga tributária sobre o valor adicionado — Resumo por setor — Empresas abertas.
Tabela 15 Projeção do volume de recursos dos institucionais para títulos privados.

Figura 1   Desenvolvimento bancário inicial medido pela razão entre empréstimo a empresas e PIB em 1976 e crescimento econômico subseqüente (1976-1993).
Figura 2   Liquidez inicial medida pela razão entre o valor transacionado e PIB em 1976 e crescimento econômico subsequente (1976-1993).
Figura 3   Estrutura de sistemas financeiros (dezembro 1998)
Figura 4   Capitalização bursátil Bovespa.
Figura 5   Volume de negócios nas bolsas de valores.
Figura 6   Emissão de ações como proporção da formação bruta de capital fixo.
Figura 7   Distribuição de PL médio de 1995 a 1997 de 197 papéis.
Figura 8   Distribuição acumulada do preço por valor patrimonial — Amostra de 332 papéis (Valor médio 1995-1997).
Figura 9   Companhias listadas – Bovespa.
Figura 10   Concentração de recursos externos de financiamento entre empresas
Figura 11   Volume de transações — ADR (%) Bovespa x EUA.
Figura 12   Desenvolvimento do mercado de capitais e qualidade da proteção ao acionista.
Figura 13   Valor da firma e a divergência entre direitos de propriedade e de voto.
Figura 14   Desvio padrão anualizado dos retornos dos índices de ações (1992—1997).
Figura 15   Ibovespa x Selic.
Figura 16   SP500 x Fed Funds.
Figura 17   Riqueza financeira — % PIB.
Figura 18   Distribuição de riqueza financeira das famílias — Bancos e Institucionais R$ milhões.
Figura 19   Dívida pública mobiliária — Em poder dos fundos mútuos e de pensão (%).
Figura 20   Carteira dos institucionais — Fundos de pensão e investimento — títulos públicos na carteira (%).
Figura 21   Riqueza financeira nos institucionais — % PIB — Projeção de tendência.

Este livro foi impresso nas oficinas da
DISTRIBUIDORA RECORD DE SERVIÇOS DE IMPRENSA S.A.
Rua Argentina, 171 – São Cristóvão, RJ
para a
EDITORA JOSÉ OLYMPIO LTDA.
em outubro de 2002

*

70º aniversário desta Casa de livros, fundada em 29.11.1931

Seja um Leitor Preferencial José Olympio
e receba informações sobre nossos lançamentos.
Escreva para
Editora José Olympio
Rua Argentina, 171 – 1º andar
Rio de Janeiro, RJ – 20921-380
dando seu nome e endereço
e tenha acesso a nossas ofertas especiais

Válido somente no Brasil.

Ou visite a nossa *home page*:
http://www.joseolympio.com.br